華志文化

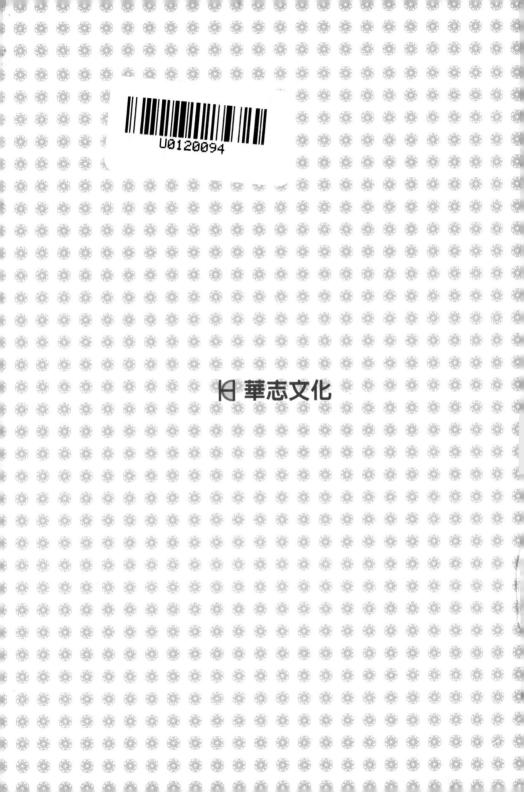

華志文化

華志文化

華志文化

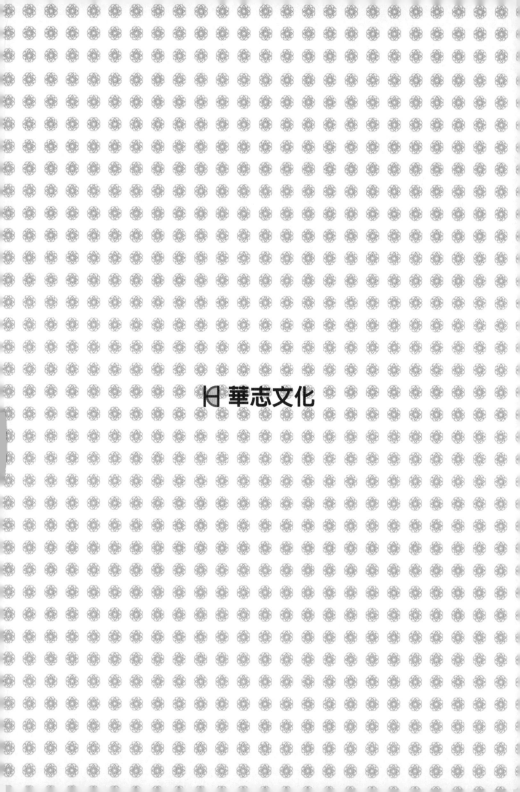

# 豁達 再難也要堅持 再痛也要放下

葉威壯 著

華志文化

# 作者序

生活在台灣這片土地上的我們，這段時間以來，大概或多或少都能感受到一股茫然無力的社會氛圍，失業率居高不下，GDP與經濟成長停滯不前、痛苦指數屢創新高、幸福指數跌入谷底、勞保健保有破產的危險……

如果再把眼光放眼國際，曾經富裕的歐洲，美麗的愛琴海、古堡、莊園、下午茶……，這些曾經的輝煌如今都在歐債的陰影下顯得奄奄一息！

其實不管是希臘、冰島，或是我們生活著的台灣，都曾經擁有過富裕繁華的年代，只是現在已經從絢爛歸於平淡，面對這個低成長、低富裕、高窮忙的時代，我們該怎麼自處呢？

曾看到一段關於日本三一一地震的紀錄片，一個災區阿伯望著滿目瘡痍的殘破家園，有感而發的說：「戰後我們從一無所有的廢墟裡創造出日本第一的亞洲傳奇，而現在又再度回到那個一無所有的起點，心裡真的是百感交集，但既然老天讓自己活下來了，哪怕只是一天，我都要堅持好好的活下去！」

也許，我們每個人都是大時代下的一顆棋子，下一秒會如何沒人能夠預料，但越是在逆流險峻的時候，就越要有一顆勇敢堅定的心！因為不該只有活在富裕裡才能夠快樂、精彩，反而更應該在困難的黑暗裡，無懼的點燃我們心中的燭火，那樣的光明才更顯得彌足珍貴，才更能夠展現出它的溫暖！

在廟宇裡每天都會看到人們手持著香，嘴裡喃喃的祈求神明的庇祐，不外乎是祈求平安、順利、健康、升官、發財……

時常在思索，究竟我們所求的到底實現了多少？所謂的平安、幸福究竟是什麼呢？

平安就是天天有好事發生？

幸福就是享受富裕的生活？

順利就是避開所有的困厄？

然而，隨著歲月的增長漸漸的醒悟到，很多事會發生就是會發生，再怎麼躲也避不掉；有些事物再怎麼強求也是枉然，因為那不屬於自己！

這份體悟不是消極、不是認輸，而是清醒的認知到人生裡不可能存在永遠順利的事實，並積極的在逆風中找尋出適合自己的奮鬥位置。

想想看，我會不會不自覺的過著這樣的反射性生活，當遇到困難險阻時就選擇放棄、失意不順時就怨天尤人、得到成功掌聲的時候就變得囂張跋扈、遭遇背叛或創傷時就頹廢軟弱，任由苦難的劍把自己的心逼到絕境……

我很喜歡這段話：「平安不是什麼困難都沒有發生，而是當生活教會我理解曲折與障礙都屬合理的那一刻，在我心裡萌發的意念與接納。」

也就是說，所謂的平安順利並不是避開崎嶇，而是堅強的踏過它，並在崎嶇裡累積出屬於自己最深刻的生命能量！

普魯斯特（Marcel Proust）曾說：真正的發現之旅不在於找尋新世界，而是用新視野來感受眼前的世界。

因此，我歸納出五種每個人這輩子一定要有所體悟的人生視野：

再難也要堅持
再冷也要熱情
再好也要淡泊

再糟也要豁達
再痛也要放下

期盼藉由文字的引領，與有緣的讀者們一同咀嚼出堅持、熱情、淡泊、豁達與放下所帶給我們的生命智慧！

# 目錄

## PART 2 再冷也要熱情



## PART 3 再好也要淡泊

## PART 4 再糟也要豁達



## PART 5 再痛也要放下

# PART1 再難也要堅持

當困難橫逆阻擋在我們面前時，究竟要立刻選擇認輸，還是要試煉自己，堅持奮鬥的挑戰它呢？

到底什麼是堅持呢？

有人說：「簡單的事每天持之以恆地去做，那就不簡單了！」

能夠無畏勝敗的踏穩眼前的這一步，那就是最真實的成功。

羅馬哲學家Seneca說：「不是因為事情困難而不敢做，而是因為不敢做所以事情才困難！」

只有堅持，才能讓我們的生命在困難中茁壯起來，並在揚帆啟程旅程中看見最壯麗的人生風景。

# 1 就是現在，動起來就對了！

恐懼會削弱我們向前的意志，而持續的行動正是打開桎梏的鑰匙

「萬事起頭難」這是一句很傳神的古諺，沒錯，真的好難，為什麼呢？因為始終沒有勇氣開始，沒有踏出第一步！

正因為不是一件容易的事而時常讓我們望而生畏，想到可能遇到的險阻與渺茫的成功機會就會讓人為之卻步，然後不斷的推、拖、拉，漸漸的「難」就變成了「不可能」，「夢想」退化成「幻想的白日夢」，於是繼續的抱怨、感嘆、遺憾、無奈……

曾看過一部電影《今天暫時停止》，內容描述一位氣象播報員菲爾對自己的人生感到非常茫然，生活過得非常槁木死灰，連續四年他都得到普蘇塔

尼報導土撥鼠節，他覺得這真是再無聊不過的差事，但因為是工作，所以不得不做！

可是離奇的事發生了，當早上六點整的鬧鐘一響，他就又得重複過著跟昨天完全相同的一天，又得去報導土撥鼠節，同樣的天氣、事件、人物，毫無意義的過著日復一日的重複生活，就像是被困在一天的時空監牢裡。越來越鬱卒的他於是開始放縱自己，選擇自殺、犯罪被抓等行為，但隔天一早又會回到原點，就連想死也死不了。

絕望之餘他漸漸地有了轉變，與其用負面的心情看待每個相同的一天，不如正面積極地去面對還好一些，**就像一杯只剩一半的飲料，究竟要把它看成半杯是空的，還是看成半杯是滿的呢？**於是他決定從每個毫不起眼的當下跨出第一步，像是改善與同事的相處態度、主動幫人換輪胎、幫助老人小孩、鼓起勇氣向心儀的對象說出心裡的感受等等……

終於，他的每一天在開始行動後漸漸有了改變，原本相同的一天竟開始充滿無窮的希望。就在某個既平凡又相同的早晨，六點鐘的鬧鐘響起後，他望向窗外突然發現世界已經不一樣了；他終於躍過那個永遠重複的一天……

「等真的達成了理想，那個時候不知道我都幾歲了！」這是一個畏懼開始行動的心情寫照，也是一個可以說服自己「算了」的好藉口，因為我們很容易沉浸於過去的成功或失敗裡，或是太過在意必須要很有把握能夠成功，這樣才能讓自己比較有安全感；但安全感是個代價很高的假象，它會讓你陷在過去的泥沼裡躊躇不前，害怕失敗、害怕別人的閒言閒語、怕白忙一場；說穿了根本就是怕開始。

但事實是，如果沒有去做、沒有行動，我們還是會活完整個人生，就像菲爾一樣；若是他不從重複的每一天裡首先做出改變的話，他就不可能跨越永遠重播的一天！所以，開始吧、動起來吧！

### ・夢想是發自內心的充實感

當然，動起來的前提就是要知道自己為何而動？為誰而戰？為何而戰？這就是所謂的「目標願景」！所以設定一個適合自己的目標願景是非常重要的，我特別用「適合」這兩個字來強調。簡單來說，目標願景就是一個自己想達到的夢想，但必須釐清的是「妄想」與「夢想」是迥然不同的，當你一直停留在原地不願前行又怨天尤人的時候，當下的任何事就僅僅是妄想而已。

而夢想是自己真的發自內心想要去達成，並且可以在行動的過程裡得到由內而外的充實感，並非為了別人的欽佩眼神，更不是為了得到恭維的話語。

當然，受到別人的肯定是生命中非常美好的經驗，但那必須是建立在一種「共鳴」的契合上，否則就只是膚淺虛榮的炫耀感而已，為了虛榮而追尋的夢想是難以持久的，就算是獲得快樂也會很短暫，甚至是空虛降臨的開始！

當適合的目標願景產生了，再來要做的就是踏出去了！**只要踏出去了，「夢想」跟「白日夢」就會自動區分開來，當這一刻來臨時，就昂首闊步的朝著夢想那裡去吧！**當然，這個世界本來就是雪中送炭的人少，我們很難祈求在一開始就得到眾人的鼓勵，行動之後一定會遇到無情的閒言閒語，冷眼旁觀已經很不錯了，沒有被澆一盆水就應該慶幸了！所以已經在走了，就要給自己拍拍手、打打氣，因為「難」最怕什麼呢？它就是怕堅持、怕行動、怕你這個有心人！

好，開始了，接下來就是一場耐力的耐久戰了，而持久戰最需克服的最大敵人就是「追求完美！」

看到這，很多讀者也許心底會有個o.s：這是什麼莫名奇妙的文章，我還要看下去嗎？難道作者的意思是要人不要追求完美嗎？

## ·累了，就休息一下吧！

沒錯，你沒看錯，但我要說的是，也許這個世間存在著完美，但它在時間的軸線裡絕對是短暫的，完美會迸發在某個瞬間，但絕不可能長久。也就是說，很有可能在漫長的耕耘過程裡遇到未達預期的挫折，比如說訂下八十分的目標，卻只做到六十分，這個時候很可能會讓人很洩氣的！

很多人會說，除非做到最好，不然就不要做，其實這樣的處世態度在短期的、微觀的層面上時常會得到不錯的效率，尤其在職場上很多爬到中階以上的主管都是靠著這種求好的態度來提升做事的績效，但是如果我們所堅持的理想是一場馬拉松賽，那你就不可以把四十公里的賽程，全程用跑一百公尺的力量來拚，一定要學會接受不完美、能力不足的自己，告訴自己：沒關係，就算只做到五十，那至少還有五十啊，總比一直在零，在起跑線前賴皮、抱怨要勇敢得多。

累了，就休息一下吧，倦怠並不可恥，休息更不是放棄，沒有人能永遠處於戰鬥狀態，卸下包袱停下來看看四處的風景，觀照自己的內心，接納過程裡的低潮，融入當下並按部就班的享受過程裡賜給我們的點點滴滴。

有隻平凡的蜘蛛始終有個編一張彩色網的夢想，但牠的同伴們聽了都取笑牠說：「不要成天做白日夢，我們是不可能編出彩色蜘蛛網的！」

然而蜘蛛並沒有因此放棄，持續的努力不論颳風下雨，牠都堅持著。也隨著一點一滴的努力，牠的編織技術越來越好，編出來的蜘蛛網比同伴的都還牢靠且美觀，原本看衰牠的同伴也都對牠刮目相看，但牠仍然企盼能夠編織出心中企盼的那張彩色網。

牠仍舊日復一日的努力著，但夢想始終沒有達成，說不洩氣是騙人的，於是蜘蛛以誠摯的心向上蒼禱告：上帝啊，雖然彩色網的夢想沒有達成，但我真的盡已所能的努力了，也很感恩努力過程裡累積的一切，謝謝您！

某日清晨，晨曦的曙光微微的照了進來，蜘蛛驚訝的看著此情此景，原來是當陽光照射在蜘蛛網上的點點露珠時，整張網頓時散發出炫爛奪目的彩色光芒，就像彩虹般的美麗！

這個故事您有沒有悟到什麼？害怕沒有達到預期的目的或成功是我們在面對困難時最普遍的恐懼，恐懼削弱了我們向前的意志，而持續的行動正是打開桎梏的鑰匙！蜘蛛雖然很努力，但彩色網的夢想卻始終沒有成真，但持續的行動產生了無窮的恩典與力量，也就是說當我們努力的盡了自己的本分，料想不到的機緣與天意就會出現，時常是在峰迴路轉之後，引領的康莊大道竟然就出現在眼前，也許那跟原先的設想不盡相同，但那份屬於自己身心安頓的成功卻是比什麼都來的踏實！

真的，再難也要堅持，只要動起來了，就對了！

## 再難也要堅持

不是因為事情困難而不敢做，而是因為不敢做，所以事情才困難！

如果我們所堅持的理想是一場馬拉松賽，那你就不可以把四十公里的賽程全程用跑一百公尺的力量來拚，一定要學會接受能力不足、不完美的自己，告訴自己：沒關係，就算只做到五十，那至少還有五十啊，總比一直在零，在起跑線前賴皮抱怨要勇敢得多。

# 2 最大的敵人永遠是自己

當我們能夠擁有一股由內而外的柔軟，自然就能夠戰勝自己而達到自勝者強的境界；而且這種強，是一種最堅固的柔軟，任誰也無法抵擋！

「自勝者強」曾經是某一年基本學測的作文題目，如果沒有特別讀到的話，很可能會半知半解的不完全了解意思，不過望文生義大概就是自己能夠戰勝自己的話就是強者。

這句話是出自於老子：「知人者智，自知者明；勝人者力，自勝者強。」其字面上的解釋是，瞭解別人算得上是聰明，而能清醒地看出自己的優點與缺點才是活得明白；以一時的勇氣與力量戰勝他人，可以顯示自己的力量；而真正能夠正視自己的缺點、戰勝並克服它，而且從其中提升自己的心志，這才算是真正的堅強！

也就是俗話說的，知己知彼、百戰百勝，要先「自勝」才能「勝人」！因為能勝過別人的人算是有能力的人，但若是能夠戰勝自己的恐懼與怯懦，克服自己缺點的人才是真正的強者！

談一個觀點，為什麼我們會喜歡看球賽呢？又為什麼雖然說戰爭是殘酷的，但很多人（尤其是男生）談起戰爭的歷史、戰爭電影、尖端武器、隱形戰機等話題總是眉飛色舞呢？我想不可否認的，人的本性的確是好鬥善戰的，因此，體育競賽把人分成幾隊，然後互相競爭，最後分出輸贏，這樣的過程滿足了人性戰鬥求勝的需求，甚至在歐洲還時常發生因為對足球賽的結果不滿而發生暴動的情形。

同樣的，在都市化的文明城市裡，人與人的競爭更是激烈，名利與錢勢是成了最主要的戰場，整個社會被建構成一個大型的競技場，考試的、頭銜的、地位的、經濟的、政治的、夠不夠炫耀的、把別人比下去的……大家在這個囚籠裡拚命的競賽，於是在過程中如果別人超越我們，我們就會傷心、忌妒；若是自己超越了別人，理當就會得意洋洋！

正是因為求勝的本能與羞恥心，人類才能有不斷進步的動力。但是，究竟到底為什麼而戰呢？為誰而戰為何而戰呢？

是為了深刻的自己而努力？還是為了別人嘴裡與眼裡的外在假象而努力呢？是為了踏實的內在意志而努力？還是為了絢爛的外在虛象而競爭呢？

我在「成功的本身就是最大的陷阱」一篇章裡會談到，我們為了物質的優渥而去競爭努力這其實是無可厚非的，但當它超過一個知足的界線之後，這種追逐就變成了一種膚淺的虛華，然後就會不自覺的讓自己在慾望的聖殿前挖個大洞活埋自己！

因此，老子的智慧給了我們一個方向，那就是在戰鬥的精神意念上，我們必須從勝人者力漸漸的提升到自勝者強，因為唯有達到自勝的境界，這樣的勝利才是一種真正的超越。

### ・順應生命之流

所以我覺得，「自勝者強」是一種讓自己變得柔軟的醒悟歷程，因為「勝人者力」靠的是像鋼鐵般的戰鬥意志，這種力量有很高的比例源發於人性的本能，只要適當的激發，就能夠有不錯的展現，但如果是要讓自己柔軟下來，那就必須培養出「順應生命之流」的胸襟。

與您分享一個在生活裡的體悟，那就是要觀察一個人真正的本性，只要看他在駕駛座上的表現就會八九不離十，因為駕駛就像是縮小版的人生，路途裡不可能一路順暢，一定會遇到許多不同的狀況，所以是穩重、急躁，還是會忍讓或是好爭，是自私霸道還是懂得將心比心，只要一上駕駛座就會一覽無疑、絲毫無法掩飾！

作家桑妮雅・喬凱特在《重拾靈魂悸動》一書提到了「順應生命之流」的概念，譬如遇到塞車的時候，請耐心順著車陣前進，不要一直亂按喇叭，或罵別人是白癡。或者，買東西的時候趕時間，但收銀台前卻大排長龍，這時就請試做幾次深呼吸、微笑，看看周遭環境與人群來放鬆自己，而不要一直抱怨，或推擠前面的人。

也就是養成放鬆的習慣，多看看四周、享受美景，**接納在你眼前開展的生命，但別設法操控生命！**不要習慣性抱怨或抗拒，也不要樣樣都要爭到底。

無論面臨什麼，都從容以對用心感受的與自己的靈魂共流，並且順隨生命的不與之抗拒。

我覺得這就是學習柔軟的練習過程，**當我們身段柔軟了，心也就跟著可愛了起來，變得謙虛、變得慈眉善目！**

「我是經理還是你是經理⋯」、「你給我聽清楚⋯」、「就是這樣做少跟我廢話⋯⋯」脾氣暴躁、自私刻薄、滿身是刺，我們在生活裡很難避免的與這樣的人相遇，很可能他是老闆、上司、長輩，我們不得不在表面上服從他，但在心底根本不可能跟他說出內心的看法與建議。也許這樣的人ＩＱ很高，比別人聰明，做事有條不紊有效率，所以在很多地方能夠達到勝人者力的成功。但久而久之，他無法看清自己的盲點，更不可能有人會給他真心的建議，就算有他也不可能聽得下去！

因此，「天下之至柔，馳騁天下之至堅。」當我們能夠擁有一股由內而外的柔軟，自然就能夠戰勝自己的達到自勝者強的境界。

而且這種強，是一種最堅固的柔軟，任誰也無法抵擋！

## 再難也要堅持

以一時的勇氣與力量戰勝他人，可以顯示自己的力足，而真正能夠正視自己的缺點、戰勝並克服它，而且從其中提升自己的心志，這才算是真正的堅強！

要先「自勝」才能「勝人」！因為能勝過別人的人算是有能力的人，但是能夠戰勝自己的恐懼與怯懦，克服自己缺點的人才是真正的強者！

# 3 人生隨時能轉彎，就怕你不敢堅持

如果不是走過那段高薪卻無熱忱的職涯，也不會有日後的啓蒙，雖然晚了好多年，但是晚了沒關係，怕的是不敢堅持！人生不一定要照著直線走，隨時都可以轉彎！

到底要唸商學院好、還是法學院好？

該讀什麼科系呢？究竟選系好還是選校好？

台大歷史系好還是東吳法律系好？

唸歷史要幹嘛？唸法律系可以當法官律師檢察官，比較有前途！

可是台大是第一學府名氣比較大，東吳是私立的聽起來就遜掉了！

就是因為當年選錯了科系，早知道就選某某科系，現在就不會這樣了！

那時候有三家公司都說要錄用我，早知道選另外那家，我現在就不是這個身價了！

也許，現在的你正在上述的徬徨十字路口上徘徊，又或許這些已經事過境遷，更或許現在輪到替自己的孩子來憂心這些事！

近來的財經新聞不斷探討，現在大學畢業生起薪二萬二，退回到二十年前的薪資水平，碩博士畢業的學生就業率也只有五成多，於是大家開始檢討起十幾年前的教改，造成現今滿街大學生卻得不到相對合理的薪資，令我們對下一代的前途感到憂心。

況且天下父母心，做父母的總是希望孩子能夠出人頭地，不要在求學或工作的路上白走冤枉路，因此會積極的幫孩子打聽什麼學校、什麼科系未來比較有發展性。但近年來受到全球化衝擊，產業結構變化快速，很多科系在填志願的時候很熱門，但到了畢業求職的時候已經變成了夕陽產業！

就像很多讀冷門科系的學生，不管是父母或是自己都會很擔心畢業後的出路，於是努力的去修教育學程或是考教育研究所，因為老師的工作畢竟是鐵飯碗，而且社會地位還算不錯，但後來整個教師聘用的制度大幅修改，師範學校畢業後不再直接分發，必須考取教師執照才能教學，而非師範體系有修教育學程的同學也加入競爭。但這些年來台灣的出生率持續降低，有些學校好不容易有缺額就會吸引上百人來報名，因此出現了許多流浪教師，而且必須全國跑透透的不放棄任何機會，流浪個三、五年並不算稀奇！

**・人生不一定要照著直線走，隨時都可以轉彎！**

「人生隨時可以轉彎，只要你敢堅持」這是香草達人吳國聖先生接受記者專訪時所說的。

他擁有台大MBA的學歷，而且又有會計師的資格，因此畢業後理所當然的就依所學的到大公司擔任會計師的工作，高薪又有地位，但到了三十三歲那年，他毅然決然的放棄高薪的工作，轉而改行做起園藝，他從最基層的園藝賣場助理做起，薪水不到過去的一半，但在多年的耕耘後，現在四十一歲的他，園藝工作已經經營得有聲有色！

記者問：「那你為什麼當初大學不直接唸園藝系就好了，這樣不是白白走了這麼多年的路？」

他說：「每個人啟蒙的年齡不一樣，很少人能在十八、九歲選填志願時就很清晰的知道未來要做什麼，從小雖然對園藝花草很有興趣，但還是依尋主流的價值一路讀書，但會計師的工作真的無法激起對生命與工作的熱情！

「也許薪水高的工作代表價格很高，但是堅持與投入的滿足感則是會彰顯出高價值的生命熱情，擁有無形的收入像是快樂、踏實與自在，這是高價格所無法比擬的！但如果不是走過那段高薪卻無熱忱的職涯，也不會有日後的啟蒙，雖然晚了好多年，但是晚了沒關係，怕的是不敢堅持，人生不一定要照著直線走，隨時都可以轉彎！」

再舉一個例子。也許你不知道他叫什麼名字，但你一定聽過他的聲音，不論是電影、廣播、廣告或是影集、卡通都能聽到，他就是周星馳的御用配音員石班瑜先生。

石先生本來讀的是電子科系，後來經長輩介紹進入廣播電台，從最基層的助理學起，凡是與廣播相關的工作：編寫、採訪、記者、配樂、主持等都學過。但是他對各種聲音的詮釋卻始終很有興趣，於是報名了錄音室的配音訓練班，但由於他的聲音並不是屬於渾厚有磁性的那種所謂好聽的男聲，因此一開始幾乎所有人都叫他不要浪費時間了！

但他始終不放棄依舊努力的跟班學習，用心的揣摩各個角色的情緒、語調與特色，後來終於有一些機會也只能配一些像是太監、奸臣等不是重要的咖，一直等到多年後周星馳甄選御用配音員，他才雀屏中選。他那靈活又能自創幽默的聲音表演，讓他成為配音界的頂尖者！

### ‧沒有深度就沒有方向

吳國聖與石班瑜先生，他們現在熱愛的工作，都不是原本所學的，但都因為勇於堅持轉彎蛻變，而找到充滿生命價值的終生職業！而舉這兩個例子，並不是要大家不去對未來做計畫，而是隨著年齡的增長必須慢慢懂得體悟價值與價格的不同！

沒錯，年輕的時候我們很容易追求價格性的物質滿足，但我在其他篇的文章也有提到，餐風露宿當然不可能幸福，但當我們追求價格滿足越過到一個界線後，價值的深度就會左右你的前進方向，沒有深度就沒有方向，沒有方向就會陷入盲、茫、忙的虛空中。

當然還有一句話我覺得很有道理，那就是「達人達人害死人！」因為媒體上時常會舉在各行各業少數幾個成功的例子，但事實是，他們真的是少數中的少數，成功的經驗也不見得適合複製到自己的身上，畢竟每個人的處境與資源都是不一樣的！

現實的壓力經常是殘酷的，我們很可能不得不迫於生活而去做只有價格的工作，但千萬不要放棄堅持夢想的精神與機會，哪怕是非常微不足道的事。尤其，科技化與都市化的物質文明不斷啃蝕我們的精神生活，因此很多現代人在工作之餘就是掛網、玩線上遊戲、逛臉書、打卡、購物、消費……這些娛樂當然不是不好，但如果它們是你工作之外的全部，那麼肯定已經失去了追求生命價值的熱忱！

**沒有熱忱的人生是最悲哀的，只求價格的人生更是不可能會快樂的！**

也許，我們沒有辦法像吳國聖先生做這麼劇烈的改變，但至少可以是一個業餘的興趣、一種生活的態度，這樣的話堅持的本身就會讓我們的人生擁有真正踏實的喜悅！

人生的轉變不怕晚、不怕慢，怕的是不敢堅持！

## 再難也要堅持

「每個人都會死去，但不是每個人都曾經真正的活過！」有沒有真正活過的關鍵就在於是不是擁有堅持價值的熱忱！價值的深度將會左右我們前進的方向，沒有深度就不會有方向，沒有方向就會陷入只求價格的虛空而無法自拔。

# 4 在漫長的等待裡還能夠自在從容，才是眞功夫

困境之所在，正是孕育實踐夢想的沃土，也因為能夠承擔未知的恐懼，才有足夠的能量可以越過荊棘

你是不是也曾這麼沮喪過，感覺已經走到了山窮水盡，迎接你的前方只剩險崖陡峰，抬頭仰望卻是烏雲罩頂的惡鬱氛圍朝己襲來，進也不是退也不好，似乎就只能在原地等待，無計可施！

沒關係，別急，那就等等吧！等待是個很重要的人生功課，既然得等，那就要好好經營等待裡的每一刻，等時候到了，前方的路自然就會展開來的。

如果人生是一場電影，那很可能有最長的時間是影片持續 play，但是螢

幕上沒有任何影像與聲音；如果人生是一本書，最有可能的是有最多的頁數是空白無字的，那麼無影無音與空白無字的段落代表著什麼呢？

就是漫長的等待！

很多功利的言論告訴你，不可以當個失敗者，要趕快成功，如果不在幾歲前得到什麼，你這輩子就完了，機會是不等人的，不可以停在原地等待！

沒錯，機會是不會等人的，但也許你的機會已經逝去了，或是還沒來臨，那你就非得等待不可！**人生更不可能一直活在高潮迭起的激烈裡**，事實的情況不大可能像小說電影電視劇裡的起承轉合那般的容易，三十分鐘前離婚失業，二十分鐘後就馬上遇到新的機會變成一家公司的經理，然後又馬上遇到一個適合的人順便談了一場戀愛，因為人生不會只有九十分鐘，勵志書裡闡述的故事也許只有幾頁，翻一下二十分鐘就看完一個篇章，但那些蟄伏的時間很可能是漫漫長路的煎熬淬鍊！

### ・永保信心、抗拒絕望

舉個例子。南非前總統曼德拉、緬甸民權領袖翁山蘇姬、台灣民主鬥士施明德先生，他們都曾經因為追求民主、對抗獨裁專制而被囚禁了長達二十多年。想想看，二十多年是何等長的歲月，是將近四分之一個世紀，可以讓一個嬰兒長大成人，況且，人生有幾個二十年能夠等待呢？

在無盡的等待裡要怎麼能夠保持信念而不絕望的堅持下去呢？

施明德先生在《囚室之春》一書中曾經提到：「囚禁是一種失去空間，換來時間的生活狀態！自由人的空間是遼闊的，原則上是包括了人類所能活動的全部空間。但是自由人雖能享有遼闊的空間，卻不得不為名、為利、為世俗雜務奔波，以致匆忙和時間不足便成為現代自由人的共同感受。囚犯的空間固然是有限的、偪促的，有時甚至要孤單單的生活於一個小小的牢房裡，相對的，卻能擁有更多的時間來研究或思想自己真正喜愛的東西。這一點，是自由人很難享有的。**自由人有遼闊的空間，卻失去了時間；囚犯失去了空間，卻換來了時間**。囚犯和自由人最大的差異之一，便是擁有時間和空間的不同。由這點延伸，一個逆境中的囚犯，如果不懂得以失去空間換時間來充實自己，錘鍊自己，而成天幻想自由的滋味，乃至挖空心思想要提早自由，我敢說一旦他自由了，仍會是一無所得。」

也就是說，在漫長的等待裡要學會永保信心、抗拒絕望，要瞭解自身所處的逆境是一種表層的限制，而不是最後的結論，確信當這種表象式的人為情勢或條件改變時，環境就會跟著轉變了。當然我們不必像施明德、曼德拉、翁山蘇姬般的堅持那麼困難的理想，但至少是自由之身的我們，擁有掌控時間空間的相對自主權，那麼對比那種絕望裡的漫長等待，我們是不是能夠得到一些頓悟的智慧。

### ・留白是一種有意志的等待，靜心無爭的接受淬鍊並等待風雨的過去

有位影后在接受記者訪問時被問到成功的祕訣是什麼？

她說：「就是等待。每天準備好了，在片場等待，努力研讀劇本，等自己的角色上鏡時演好她；戲演完後等修片；修完片後等首映、首映完等宣傳、宣傳完後等頒獎；總之就是一連串的等待。」

記者問：「在等待過程裡不會擔心嗎？」

影后說：「擔心的完嗎？如果每天都要擔心這個擔心那個，人生那麼長，怎麼擔心的完呢？我已經學會在等待中快樂，在未知中期待，

在當下充實自己。」

記者問：「如何充實自己呢？」

影后：「我會帶幾本書到片場閱讀，或是用 notebook 播別人演的戲來看，又或是認真的揣摩不同劇本的意境，盡量的避免沉迷於臉書、遊戲、掛網這種殺時間的無意志活動而把等待的時間給浪費了！」

記者：「所以變成影后的過程就是漫長的等待囉！」

影后：「這麼說好了，應該說堅持目標的過程，就是長長的等待，而如何在等待中還能夠從容自在的滿懷希望，那才是真功夫！」

姜太公在有志難伸時，並不是成天怨天尤人、藉酒消愁，而是在江畔垂釣，自在無懼的享受著等待，那是一種以「留白」來蓄積能量的淡定。「留白」與「空白」是不同的，「留白」是一種有意志的等待，靜心無爭的接受著風雨的淬鍊並適時的彎下腰或蹲下身的等待風雨的過去！

未來的風雲還未來，於是就耐心的在等待中享受，等待著尚未來臨的機會與時光！

所以千萬不要把等待變成無意識的空白，沉溺於逃避的心態與活動中，這樣的話就算有朝一日你擁有了精彩，那麼也難以從中增長智慧，因為這份精彩只不過是物極必反裡的一個現象而已，很快就會再被反回來的！

榮獲奧斯卡大獎的國際大導演李安，你很難想像他曾經整整失業了六年多。

一個為人夫、為人父的成年男人，沒有工作只能在家煮飯、洗衣服帶小孩，可以想像那份等待裡的心酸有多難熬！

當然，等待之餘，他的心始終是保持機動的狀態。在家時，他大量閱讀、儘量看片並認真的做筆記，且用心的構思撰寫劇本。正是這六年的不放棄等待，歷經了反覆寫劇本又被打回票的殘酷磨練，因此有了機會對劇情長片的品質與結構進行深入的探討，最終進一步的將這些心得化成纍纍的果實。

### ・困境之所在，正是孕育實踐夢想的沃土

以《海角七號》一舉成名的導演魏德聖，也許許多人只看到他成功風光的一面，但在《海角七號》之前，他歷經了十多年的事業低潮，阿嘉的那句

經典對白：「可是我過了十五年，還不是一樣失敗，但是我真的不差啊！」這似乎像是魏導發自內心的寫照。

努力鑽研台灣歷史的魏德聖一心想拍攝史詩電影《賽德克巴萊》，呈現莫那魯道在霧社事件中可歌可泣的故事。二〇〇四年，他為了為預算高達兩億元的《賽德克巴萊》募款，又花了兩百五十萬拍一段約五分鐘的短片，讓投資者對該片未來的風格品質有可依循的想像。不過等了兩年，仍舊乏人問津，他只好另起爐灶，寫了《海角七號》的劇本，並將它付諸實現。

然而在這段漫長的過程裡，他賣過靈骨塔、做過三級片的場記、拍過購物台的短片。在一次專訪裡，他說曾經沒錢到口袋裡只剩下十五塊，也就是一個十元銅板跟一個五元銅板，想說可以買一包泡麵加一顆茶葉蛋，結果一不小心手一滑，十元銅板掉到水溝裡，手裡只剩下五塊錢，結果什麼也買不成，一時之間他悲從中來，想著為什麼別人他們當年有多苦可能只是幾個月、一年或是三年，而自己的低潮卻是五年、八年、十年……，到底要等待到什麼時候呢？

在漫長無盡的等待裡，魏導坦承他也曾經軟弱過、懷疑過。但回首來時路，他更加堅定的相信，困境之所在，正是孕育實踐夢想的沃土，也因為能夠承擔未知的恐懼，才有足夠的能量可以越過荊棘！

也許此時的自己正陷在漫長的人生幽谷裡，覺得自己好像已經被命運遺忘、被世界拋棄了！打起精神來吧，別喪志、莫灰心，只要我們相信自己、不自我放棄並積極的蓄積能量，等時機成熟了，自然就會柳暗花明又一村的！

## 再難也要堅持

千萬不要把等待變成無意識的空白，沉溺於逃避的心態與活動中，這樣的話就算有朝一日你擁有了精彩，那麼也難以從中增長智慧，因為這份精彩只不過是物極必反裡的一個現象而已，很快就會再被反回來的！

# 5 我跑，故我在

它沒有要擊敗誰，把誰當作假想敵，不要管別人就只管自己！雖然身體的肌肉運動著，但心卻是平靜的，一路隨著地形的起伏自然的律動，一步一腳印的把再難也要堅持的那股毅力激發出來！

不知道您最喜歡什麼樣的運動競賽呢？在台灣，我想棒球跟籃球應該算是人口數最多的運動吧，也許沒有親自下場去打，但至少是熱情的用眼睛來看球賽的。而且雖然一路跌跌撞撞，不過到現在算是擁有職業競賽的規模，也因此誕生了不少位運動明星！

其實各類運動競賽的本質與觀眾群各有不同，但相同的是藉由競賽奪標的過程來激發藏於體內的無限潛能。但不可否認的，人性是喜好對抗互鬥的，所以運動競賽有個很大的功能是滿足人們享受對抗的那股情緒，但如果問大家運動競賽的目的是什麼？我想有百分之九十九的人會說：當然是要贏！

還記得大概是二〇〇四年吧，那年我們的棒球差點在雅典奧運奪牌，有一場台灣對日本的關鍵戰役，我們以四比三差一分飲恨，但說真的，那一天中華隊的表現超水準演出，但最後輸了一分，我跟朋友說，這次真的打的不錯，你不覺得我們表現超出預期嗎？

「表現超出預期有什麼用，最後還不是輸了！」我的朋友洩氣的說。

這讓我想起國中課本裡羅家倫的一篇文章談到：「有風度的運動家，不但有服輸的精神，而且更有超越勝敗的心胸。來競爭當然要求勝利，來比賽當然想創紀錄；但是有修養的運動家，必定要達到得失無動於中的境地。運動所重，乃在運動的精神。「勝固欣然，敗亦可喜。」正是重要的運動精神之一；否則就要變成「悻悻然」的小人了！

小時候讀到這一課真的沒有太深的感覺，反正球賽看到最後就是幾比幾，哪一隊贏哪一隊輸，一翻兩瞪眼！不過隨著年齡漸長，賽局看多了、勝敗看多了、明星運動員的起落看多了，才真的慢慢體悟出羅家倫這段話所闡述的價值，因為輸贏的情緒都只會是一時的，輸輸贏贏不過都是某個時刻的短暫現象，但競賽裡的精神與堅持才真的能讓我們從中得到深刻的智慧。

所以現在我最喜歡的運動競賽是馬拉松慢跑。為什麼呢？我想它真的是過程重於結果的競賽，重要的是你參與了、跑了，只要參與了就是勝利，至於誰是冠軍誰是亞軍時常不是整個運動的重點。

「馬拉松」其實是一個平原的名字。公元前四九〇年，當時的波斯欲吞併希臘，希臘士兵奮勇抗敵，最後在馬拉松平原擊敗波斯侵略者。傳令兵菲力．彼得斯（Pheidi Pides）拋掉盾牌跑了四十多公里回到雅典，高呼他們勝利了之後，便倒地犧牲了。後來為了紀念馬拉松戰役及菲力．彼得斯的英雄事蹟，便於第一屆的奧林匹克運動會舉辦了馬拉松長跑比賽。

正式的馬拉松長跑比賽全程長 42.19 公里（26 英里 385 碼），通常在公路上進行。由於不同賽道的傾斜度有別，所以馬拉松長跑並沒有正式的世界紀錄，而只有這個項目的世界最佳時間。

「我跑，故我在」這是日本鬼才作家村上村樹對跑馬拉松所做的詮釋。他說：「我一面跑，只是跑著。原則上是在空白中跑著。反過來也可以說是為了得到空白而跑。在那樣的空白中，各種想法常常自然湧現……跑的時候腦子裡會浮現想法，像天空那些浮現又消失，各種形狀大小的雲。但天空還是天空，雲只不過是過客而已……」

村上的意思是，那是一種從肉體擴散到精神的超然狀態，藉由跑步讓身體的力量完全釋放，然後整個腦袋就會慢慢的放空，很多繁雜的念頭都會消失，心底因此空出了許多的空間，很多想法反而會澄明的浮現出來！

其實很多具備規模的職業運動，說穿了不過是一場包著漂亮糖衣的商業算計罷了，輸與贏代表的是龐大的鈔票價值，算計年薪、算計行銷、代言等等的經濟利潤，在運動員有限的生命裡快快的榨取他的價值。至於什麼運動家的精神真的不過是漂亮的廣告文案罷了。

但是像馬拉松這種長跑運動，它沒有要擊敗誰，把誰當作假想敵，沒有什麼敵我二分法的對抗，而是參與的每個人對自己意志力的挑戰，任何人都可以參加，而且每個人都是自己的最佳主角。

大家在原本車水馬龍的公路上互相提攜的給彼此堅持下去的意志，然後在跑步的過程中感受著自己的呼吸，享受拂面而來的清風，雖然身體的肌肉運動著，但心卻是平靜的，一路隨著地形的起伏自然的律動，一步一腳印的把再難也要堅持的那股毅力激發出來！

所以，馬拉松的最大意義反而不是在比賽的那幾個小時，因為沒有比賽的時候我們一樣可以自己去跑，不要管別人就只管自己，努力的超越那個意志薄弱、人云亦云、隨波逐流的負面幽暗！

「因為堅持，所以存在！」也就是我們每個人在各別被賦予的極限中，盡量有效地燃燒自己。

「為者常成，行者常至」，這正是我跑，故我在所體現出來的堅強意志！

## 再難也要堅持

先做再說，就是跑下去就對了。無須去在意行動之後會得到什麼，不去期待成功或失敗，因為行動的本身就是最無價的獎勵！

堅持到最後，過程中沒有陣亡的，往往就成為最傑出者！

# 衍伸閱讀　散文式短篇小說——「輪椅上的陽光」

過去，他是帶著優越的條件用以上對下的心態來扮演醫生的角色，但現在的自己卻是連站都站不起來！對一個連自己身體都不能控制的人生，還能保有什麼熱情？

微笑青年說：「老天讓你活下來，就是要你找出一條可以走的路，因為人是屬於心的動物，心活，人才值得活；心死，就算還活著，也只不過是痛苦的延續而已！」

因為沒有經歷過挫折缺憾的熱情是沒有價值的，所以不管再難，都要堅持的找回那份被錯過忽略的真誠！

## ▪熱情、德行、把病患的痛當作自己的苦！

這樣的醫生，才值得尊敬！

這是許許多多被他診療過的患者共同的心聲－發自內心對病患的關心，苦患者所苦的慈眉善目態度，不會用以上對下的口氣來斥責病患，一股由內而外散發出來的熱情，深深的暖化了被病痛折磨的人！因此關於他的好口碑漸漸的傳了開來，臉書、討論區的貼文也越來越多，甚至還有商人請他代言醫療器材與保健食品，但這些他全都婉拒，因為他做這些不是為了沽名釣譽，而是身為醫師本就該有的「醫道」，他只是回到行醫該有的初衷而已！

說什麼醫生是為了濟世救人？享有崇高的社會地位？但事實上有很多慢性病的長期病患，看遍了各大醫院的醫師，說真的有熱情有醫道的還真的是可遇不可求！甚至有部分的醫生可以說是連一點醫療德行都沒有，就是覺得自己高人一等，根本不大願意傾聽患者說出病痛的苦楚，只想賣弄一些學術用語來壓嚇病患，因此對病患頤指氣使、態度惡劣，然後藉著社會地位的優勢，就算有人去申訴其實也沒什麼效果！

雖然好的醫生不在少數，但是面對態度行徑惡劣的醫生，時常是很無奈地拿他們一點辦法也沒有！

**・心靈的重建與療癒似乎比看得見的房子、道路、核能電廠要更重要！**

現在的他，每星期的一、三、五是在自己執業的診所裡擔任精神科門診的醫師。不了解或是存著傳統偏見的人，一聽到精神科或是所謂的心理諮商就會主觀的認為那是神經病才去看的！還好這些年隨著資訊的流通，這樣的汙名化說法漸漸的消褪了。

更因為都市化與工商業的快速發展，激烈的競爭、物慾權勢名利的無盡追求，現代人並沒有因為物質與科學的文明而更快樂，反而衍生出更甚以往的精神疾病，失眠、焦躁、憂鬱、易怒、歇斯底里等情形越來越多！

一般人總是會很反射性的認為是生活辛苦、比較貧窮的階層才比較會有心理疾病，但事實是，位於社會的中、高階的人反而罹患的比例比較高！可能是因為已經擁有相當程度的金錢與地位反而比較害怕失去、必須時時的跟別人比較而喘不過氣來。

據說心理醫師在醫學界一開始並不大受到重視，但隨著一些重大的事件而漸漸有了改變，像是美國在越戰時期，因為戰事一直處於膠著狀態，許多戰士目睹同袍誤觸陷阱的慘狀，看不見的敵人造成慘重的死傷，不知為何而戰，讓許多軍人出現了恐懼性的心理疾病，像是明明眼球檢查沒有任何問題，但就是呈現失明的狀態；檢查腿部肌肉組織完全沒有異狀，但就是無法站立，諸如此類難以解釋的怪異現象，最後就只能把它歸到心理層面去處理，甚至到戰爭結束後，越戰退伍軍人回到國內卻仍持續遭遇到精神上難以適應的困難！

而比較近的例子就是二〇一一年發生在日本的「三一一」大地震，無情的地震海嘯讓人們的心靈荒蕪無依，許多自殺的悲劇重複上演，這都在在說明了災區的心靈重建似乎比硬體的房子、道路、核能電廠要來的棘手，也因為這些具體事實的反覆印證，於是心理醫師在學術界漸漸的樹立了堅實的地位。

除了每週一、三、五的門診之外，禮拜二跟禮拜四他則是受某家復健醫院之聘擔任復健師的工作！一開始，許多需要復健的病友看到一個坐在輪椅上的復健師，都會抱以質疑的態度跟眼光，但當第一次的復健療程結束後，幾乎所有的復健者都擁有了滿滿的信心。而事後也證明，在他協助下的復健者都有超出預期的表現。

為什麼呢？原因還是，他能夠以同理心來感同身受，身上散發出來的熱情還有堅定的意志感染了身旁的每一個人。因為他的堅持不放棄，最終被錄取為專業的復健師，當時的院長看到他一路走來的努力感動的說：「你對生命的熱情與堅持，給了所有必須復健的傷者帶來了希望與勇氣，這是四肢健全的醫生所難以企及的！」

**・如果失去了謙卑與自省，就會剩下無限膨脹的傲慢！**

德蕾莎修女曾說：「如果你沒有真正歷經貧窮，又怎能真正對窮人的心境感同身受呢？」

同樣的，如果沒有真正經歷過那樣的病痛，又怎能發自內心的感受病人所承受的苦痛呢？當然，醫生不可能親身經歷病患遭受的磨難，而是讀了一大堆的學術理論、做了很多的臨床實驗，然後以超然的旁觀者來協助病患治療，但是，如果失去了謙卑與自省，就會剩下無限膨脹的傲慢！

其實，在坐上輪椅之前，他也曾經是那種把看診當成例行公式，心底毫無熱情可言的執業醫生，反正醫院裡每天就是會有那麼多人來掛號，而且病患講來講去的話還不就是那些，所以隨便聽個幾句然後開一些藥，就算病患服用後仍然不適，他也不必負什麼責任，而且看診調劑的費用還一毛都少不了！

像這樣的醫療態度，現在的他想起過去的自己，就算擁有精湛的醫術又如何呢？充其量只能叫做「醫客」或是「醫術士」罷了！

**．無常，總是毫無預警的就這麼降臨了！**

「事情既然都已經發生了，那我們就只能面對它、接受它，然後放下吧！因為日子還是要過下去的！」

這是他在診療的過程裡最常對患者說的，何等真誠、何等中肯卻又讓人覺得是很公式化的一段話，因為除了這麼做之外別無他法，但真的不是那麼容易！

而無常，每一刻都在發生，完全毫無預警的，他就真的從高高在上的醫生變成一個病人，從身體上到生理上，徹徹底底的，毫無僥倖的！

為什麼是我？

我到底做了什麼壞事上天要這樣對我？

為什麼他的人生可以那樣成功，而我就只能這樣失敗？

這樣活下去到底有什麼意義？我還能像以前那樣嗎？

我好怕就這樣過完後面的人生！

他們不知道是怎麼看我的？一定都在背後取笑我！

他們到底有什麼了不起的？

這些都是過去患者會向他傾吐的話語，但醒來發現自己變成這樣後，他發現自己受困的情形跟過往的那些病人一樣，甚至更糟。他自己也深深的知道，**沒有人能救自己，因為自己就是救生員，要救生員向救生員求助這是何等諷刺啊？**

原來那些什麼偉大的學術理論、臨床實證都只是紙上談兵的花架而已！

想起五年前意外發生後主治醫師跟他說，你目前的狀況不算最糟的，但一定得經歷一段辛苦的復健過程才有機會復元，至於能夠恢復到什麼程度每個人是不同的，像是寫字、閱讀這些比較複雜的能力，更因為每個人意志力的不同而有很大的差別！

醫生還說，先前有一個律師頸部遭到槍傷，連帶的傷到整個脊椎，一開始連站立、喝水、拿筷子都沒有辦法，但他復健時的毅力驚人，很努力的堅持而且毫不氣餒，漸漸的連閱讀與說話的能力也慢慢的恢復，到最後像是看卷宗、攻防模擬、上庭辯護這些極度花費腦力的事情也都逐步的可以勝任，等於是復元到了百分之九十五以上，這是我看過最成功的例子！

所以首先必須重建的是心底對生命的熱情，然後堅持的努力下去，一般來說都會有不錯的結果喔！

他心想，說的真好，好像自己以前常常對患者說的話，而且態度上還比自己要誠懇的多！原本在諮商時要對患者說的話，現在輪過來要對自己說，很殘酷、也很諷刺！

**．從前是理所當然的幸福，如今竟然變得這麼的遙遠！**

問題是，現在的自己是連站都站不起來了，最基本的行動自由都失去了，對一個連自己身體都不能控制的人生，還能保有什麼熱情？以前從來不覺得是幸福的東西、從沒有好好珍惜過的享受，如今竟然變得這麼的遙遠！

每天醒來好怕睜開眼睛面對這個殘缺的自己，更怕回想起以前的完整與輝煌，但思緒卻也殘酷的無法控制，醫學院的高學歷、醫師的頭銜、優渥的收入、社會稱羡的地位、美麗的情人、別墅名車、高爾夫球、院長……這些已經是雲煙的虛無，現在會很狐疑是不是真的曾經擁有過？

在輪椅上，對自尊是個很大的打擊，雖然跟過去比起來，城市裡的無障礙設施已經進步了許多，但在實際的生活細節裡，不一樣、不方便卻是活生生的存在！想去逛賣場、百貨、夜市，到速食店吃個漢堡薯條、到咖啡廳喝杯咖啡，不是不可以，但變得很不方便，又必須求助於人，最後索性就不去了！

而復健最讓人煎熬的是，曾經不費吹灰之力就能做到的事情，如今卻必須用盡所能的反覆嘗試，然後失敗、再試、再失敗、再嘗試，那種流瀉後的失落與打擊，讓他愈漸消極的困囚在自己的心牢裡載浮載沉！

復健師不知道他過去是精神科醫師，於是衡量他的情形，語重心長的建議應該去接受心理諮商！

這是發自內心的一番好意，但實在是有夠很諷刺的！過去要別人寬心的，如今走不出混濁的流沙！**過去得意的時候，他對著鏡子看著自己是越看越滿意，而現在卻十分的害怕看到鏡子裡自己的模樣！**

慢慢的，他連復健都顯得意興闌珊，每天就像遊魂般坐在電動的輪椅上，毫無目的的流浪在輪椅可以到達的地方，無力的好像被自己還有全世界拋下似的！

而在他出逃的旅程裡，每天都會遇到一個青年，他固定的會在幾個幹道的路口賣著彩券。他外表看起來應該比自己還年輕，只是很令人覺得同情的是竟然年紀輕輕的就和自己一樣，必須在輪椅上度過往後的人生！

不過每次當他路過，青年都會笑容可掬的給予一抹真誠的微笑，然後恭敬的點個頭說：「您好，公益彩券，一券在手希望無窮喔！」

而他呢？雖然一樣是坐在輪椅上，他能夠從眼角餘光感受到青年的眼神裡所散發的自信、善意與希望，於是他總是躲避著青年的眼神，然後趕緊調快電動輪椅的速度快快通過！

為什麼要躲避呢？也許是一種太強烈的反差吧！就只是坐在輪椅上賣賣彩券，如此黯淡無色的人生為什麼還能擁有那樣發自內心的眼神與微笑，他沒有辦法理解，更做不到，於是只好別過目光的逃避！

## ‧隨波逐流的處於快要溢出來的杯子邊緣

不過坐在電動輪椅上亂逛的他，卻也意外的發現了城市裡過去他不曾用心觀察的形形色色，像是穿梭在快車道上賣玉蘭花的、在路口發傳單的、舉著廣告招牌的、賣報紙的、雜誌的、晚上睡在公園地下道的……，這麼多隨波逐流的社會底層，他們就像處於一杯已經裝滿水而快要滿出來的杯子邊緣，只要再多個一點點就隨時會被溢出來！但就算如此，他們都是用什麼樣的心情活著呢？

自己曾經是精神科醫生，讀過一大堆什麼心理學理論，照理說是最會分析的，但此時的他似乎已經了解，分析歸分析，也許可以說出一大堆漂亮的報告，但實際上的幫助會有多少呢？而過去的自己，真的有用盡心力的對待每一位患者，幫助他們解決心靈上的問題嗎？有很誠實的面對自己嗎？此刻像個遊魂的他，一時之間可能還沒有勇氣去面對那個殘酷的答案！

在滂沱大雨中，一個賣玉蘭花的女子幫忙一輛拋錨轎車的車主把車推到路邊！

索取保護費的地皮流氓，向弱勢的攤販討取不成竟施以拳腳暴力，後來被四個站在路邊舉廣告招牌的阿伯挺身相救！

這是來自媒體的兩則相關報導！

而這一次，是他親眼所見！就在時常經過的幹道十字路口，一台倒臥的機車還有散落一地的廣告傳單，原來是一對母女騎車要前往發送傳單，到路口被一輛違規左轉的車擦撞摔車，肇事車加速逃離，剩下母女兩人痛苦的跌坐在地上，還有散落一地四處飄散的宣傳單！

第一時間是看到兩個坐在輪椅上的殘障者快速的向前去查看母女的狀況，並試著要將她們攙扶到路邊，後來實在沒辦法趕緊大聲請求路人協助。隨後兩個殘障者又自己轉著輪椅幫忙來回的在馬路上幫忙把散落一地的傳單撿起來，那些廣告傳單對很多人可能是不屑一顧的廢物，但對那對母女來說卻是一天的收入與希望！

這一幕，他全程的在路旁目睹著，一開始先是心裡很矛盾的離開，但快到看不見這個場景的盡頭時，還是忍不住的回眸看了一眼，一股天人交戰的掙扎油然而生，到底該不該回頭前去幫忙呢？自己的輪椅比他們的都高級還是電動的，為什麼自己吝於伸出援手呢？而路旁又為什麼站著一堆圍觀的人呢？還有人拿起手機猛拍，他們的心態是什麼呢？

終於，他掉了頭回去加入了他們！

### ・因為已經一無所有，反而更懂得什麼叫做不要放棄

因為這樣，他認識了賣彩券的微笑青年！而微笑青年也介紹了一些辛苦生活的朋友們給他一起認識，這些都是一群落魄的社會底層，有些是曾經輝煌但後來生意失敗的老闆、或是遭逢意外而在身體上有缺陷的殘障者、又或是無依的單親爸爸媽媽、還有很多孓然一身的遊民……但相處之後才發現他們雖然日子過的不好，但卻是那麼的開朗，都還懷抱著對生活的希望，期盼能夠再站起來好好的生活下去！

晚間時刻，他們時常會聚在橋下的大家一起吃頓晚飯，彼此打氣的敞開心胸的聊個天，然後互相介紹一些part time的工作機會互通有無，像一家人般和樂融融的相處著，雖然已經一無所有，但反而因為失去所有而更懂得什麼叫做不要放棄。

一開始，他的心底是有些排斥的，心想自己好歹曾經也是個醫生，怎麼會淪落到跟一些遊民、殘障做朋友呢？但慢慢的，他們的豁達與坦然逐漸的感染了他！

終於他能夠比較融入的與他們相處在一起，於是他鼓起勇氣主動的想與微笑青年聊聊心裡的話，所以開口問了：「你…之前遇到了什麼事呢？…花了多久的時間復健呢？」

微笑青年聽了後露出笑容並拍著他的肩膀說：「ㄍㄧㄥ了那麼久……真的很替你高興，想當年我也是花了好久的時間才接受了這個自己，然後才慢慢的走了出來！」

「其實在學生時代我可是個登山好手，當過登山社社長，爬過的百岳算一算大概有三十多座跑不掉，可是在一次雷擊的意外裡，我的女朋友，還有另外兩個志同道合的山友都不幸喪生了，而我呢，被電流穿過脊椎，雖然逃過一死，但下半身完全癱瘓無法站立必須終生的依賴輪椅，而那年我才二十一歲，你能想像那時候的心情嗎？」微笑青年繼續的說：「無常真的是太可怕了，突然的就降臨了，而且根本沒有任何的預警與緩衝，一時之間真的沒辦法接受！所以我也經歷過一段像你這樣的日子！」

他聽了後陷入了若有所思的情境裡。

其實人的內心狀態都會表現在外在行為上，一個經歷過內心幽谷的人其實不用讀什麼長篇大論的心理學理論也能夠看出很多事情！而此刻他的思緒似乎完全的被微笑青年看穿。

「你呢？願意說說你遭遇的事嗎？你放心，我不是什麼心理諮商師是不會收費的，就是一個跟你有類似遭遇的天涯淪落人！」

這句話對他來說也許聽起來有些百感交集，但卻是無比的真實，因為此刻**什麼身分、什麼頭銜，根本一點都不重要了，而是必須願意試著接受那個原本不想面對、只想逃避的自己，而傾訴就是踏出畫地自限的第一步！**

於是，他把曾經是醫生，還有過去的一切一股腦的全都說出來了！當他打開桎梏的枷鎖而把鬱積在心中的話吐露出來後，心底真的是舒坦輕鬆了許多！過去，他是帶著優越的地位與條件資源用以上對下的心態來扮演醫生的角色，但當無常的打擊把原本的優勢剝奪掠取後，才發現自己原來是那麼的不堪一擊！

**▪心活，人才值得活；心死，就算還活著，也只不過是痛苦的延續而已**

微笑青年還談到：老天讓你活下來，就是要你找出一條可以走的路，因為人是屬於心的動物，不管是一顆豪氣萬丈的雄心，或是寧靜平和的幸福感覺，都是活在世上的積極意義。心活，人才值得活，心死，就算還活著，也只不過是歹活罷了，活著只是痛苦的延續而已！

這些話，從微笑青年的嘴裡說出來顯得格外的有份量！因為如果沒有進入殘缺裡去體驗，那就真的只是一段華麗的文字而已！唯有活生生的經歷過無常，而且還能從殘缺的現實中找到對生命的熱情，這就代表了已經把思想付諸成具體的行動，並真真切切的在生活裡實踐了！

微笑青年展現出來的生命韌性狠狠的激勵了他！

沒錯，必須從面對自己、接受自己開始！而首要之務就是必須積極的配合復健的訓練！但光是一個拿筷子夾菜的動作，要像以前那般的俐落竟是如此的辛苦，前前後後花了將近兩個月的時間才看到明顯的成果！

雖然不斷的告訴自己：再冷也要熱情、再難也要堅持，但難以否認的在單調重複的過程裡不免的也有軟弱沮喪的時刻，每當有這種念頭出現的時候，他就會去找微笑青年聊聊天談談心，與那些在底層辛苦生活的朋友們互相打氣的給予彼此堅持下去的溫暖！

在緩慢的進步當中，他漸漸的感受到從內心深處散發出對生命的熱情，這是過去從來沒有的感覺！於是除了接受與面對之外，他開始反省過去那個優秀且意氣風發的自己，這才驚覺到過去對人生、對工作、對家人、對朋友，其實從來不曾擁有真正的熱情與堅持，只不過是活在競爭比較的優越感裡，就是想贏、想超過別人、不想輸，但卻不知道**贏了之後要做什麼呢？贏了之後有做出贏的角色該有的生命態度嗎？**

學生時期聽別人說醫生有錢途、有地位，於是努力的求醫生的頭銜而拚命，後來好不容易爭到醫生的地位，卻不曾用熱情親切的態度去真心對待病患！

這些心田裡的聲音就如梵音回聲般的縈繞在心底，讓他深刻的感悟到沒有經歷過挫折缺憾的熱情是沒有價值的，所以不管再難，都要堅持的找回那份被錯過忽略掉的真誠價值！

果然，誠如當時主治醫生說的，當堅持的目標出現後，原本很難的，就真的變得不會那麼困難了！所以他在最短的時間裡以驚人的速度進步著！

有了進步，心就得到了鼓舞！於是他更進一步的試著閱讀過去醫學的學術書籍，重新的把病例、臨床報告等資料認真的分析，並將復健歷程裡的點點滴滴都用心的記錄下來。

這段新生的過程讓他真正的活了過來，所以他堅定的告訴自己，一定要重新回到醫生的崗位上，用最謙卑的關懷來溫暖周遭所有的人！

於是，輪椅上的陽光就樣乘著熱情與堅持的翅膀，朝著希望與勇氣的方向翱翔而去……

# PART2 再冷也要熱情

失去熱情的人生就像沒有葉子的梧桐一樣，
槁木死灰！
也許我們所處的環境是冷峻嚴酷的，
但熱情是不會畏懼它的，
就像在寒天凍地裡烈火依舊會燃燒著。

熱情就是愛自己所做的，不管處境有多麼艱難。
漸漸的，別人就會被你所感動，然後也愛你所做的，
就像歌德所說的火中的鳳凰一樣，
當舊的被焚化時，新的又立刻在它的灰燼中重生。
如此熱情之火就會熊熊不滅的燃燒下去，
靈魂也因此生生不息！

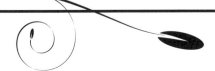

# 1 床比大海還危險？

就算失敗，也要敗在自己曾經傾注熱情的戰場裡！

一個水手對他的朋友說：「我爺爺是個水手，他因為意外死在海上；我爸爸也是個水手，他也遭遇船難不幸的在海裡喪生！」

朋友惋惜的說：「海上　的是很危險」

水手聽完後淡淡的一笑，然後問：「你爺爺死在哪兒？」

「當然是死在床上啊」朋友答。

「所以這就是說，床也是很危險的囉！」

這是一段俏皮味實足的笑話，在輕鬆一下的同時，我們是不是能有另一個層次的感悟呢？

目前的台灣似乎正處於茫然迷向的時刻，萬物齊漲、整體薪資倒退到十多年前的水準、勞健保有破產的危險、失業率居高不下、痛苦指數屢創新高……似乎多數都是負面的消息，而面對這個失落的年代，我們除了抱怨、除了自怨自艾之外，還能夠夠做些什麼呢？

心理學家榮格曾經說過：「生命裡所有最大最困難的問題，在煩惱的那個當下其實短期之內大多無法解決。但有些人在苦悶當中還能保持相當的樂觀，並不是他們的問題得到了解決，而是找到了更強更深的生命目的來取代了此刻的苦悶！」

也就是說，熱情不該是在充滿希望、優渥安康的時候把它當成一種華麗的點綴品，而應該是在最困難、最嚴峻的時候讓它為黯淡冷卻的靈魂燃燒起來！

「認真的女人最美麗」這是一句多年前深植人心的廣告文案，而我覺得這句話很傳神的詮釋了熱情帶給我們的無形力量。沒錯，當我們全神貫注、全力以付的去為一件事情努力的時候，那種不假外求的簡單喜悅正是生命裡最美麗的時刻！

到記憶裡去搜尋看看吧，還記得第一次學騎腳踏車的那種心情嗎？第一次在汽車教練場學S形前進後退、倒車入庫嗎？第一次把車真的開到路上的感覺嗎？

在這些時刻裡，我們必定是認真的用盡心力去做這件事，也許有些緊張、有點心跳加速，但那一刻的時間似乎是獨立於世界平凡的運轉之外，完完全全的歸屬給自己，也正是在全力以赴中才能獲得的不凡體驗。

很可能，我們會驚覺到那種感覺已經離自己好遠好遠，熱情早就被淹沒在殘酷的現實裡，工作不過就是賺錢圖個溫飽而已，而工作之外的時間就是吃喝玩樂、購物消費，好像真的沒有什麼可以貫注熱情的興趣。如果曾經有過，也大多是三分鐘的熱度，沒幾下就沒有堅持下去的無疾而終了！

沒關係，只要在這一刻驚覺那就還有機會不會嫌晚！而擁有一個願意投注熱情的目標或興趣和怎麼存到第一桶金、買房子車子等等的人生課題是同樣的重要！

**熱情所得到的滿足是在做這件事的過程中所得到的快樂，而不是做這件**

**事所想要得到的目的，也就是過程一定重於結果，否則那就只是「野心」而不是熱情了！**

要怎麼區分也心與熱情的差別呢？有一個很簡單的評斷標準，就是當我們做的這件事如果在金錢上沒有回報，卻還能夠甘之如飴享受著過程裡的喜悅，那才是真實的。而野心則是偽裝在熱情之下，它真正要的是結果所帶來的利益，過程只是達到目的的手段罷了！

我很同意把工作當成興趣來做的機會真的不是那麼的大，並非每個人都能有那樣的機會與運氣，但至少一定要找到一項在工作以外我們願意投入熱情的興趣，而且必須是要有點難度、有點深度，必須精神層面大過物質一點點（物質層面一樣是非常重要的，所以我強調是一點點，精神大過物質一點點就好。）

試著體會看看、找尋看看，然後一步步的朝著那個方向去，慢慢的就會發現它將把我們的人生境界帶向另一個層次，擁有了更高更廣的視野，整個人也變得有自信了起來。

就像水手與他的父親與爺爺一樣，因為大海承載著他們的生命熱情，能夠淬礪出最具自信的生命鬥志，也許危險，但反而因此品嘗到最堅定的踏實感，並在不虛此行的在燦爛裡努力的前行著。

再冷也要熱情，尤其是在這個陷落倒退的年代裡更是需要！

## 再冷也要熱情

一個朋友說，她終於恢復了中斷了十多年的閱讀習慣，每天在睡前撥出二十分鐘，就算只是看了十幾頁都好。但累積下來，其實不到兩個禮拜就能看完一本書。而且她還發現，若把上臉書的零碎時間也拿來閱讀，這樣又多出了好多時間，現在大概一個禮拜就能讀完一本書，不為考試、不求學分，只是因為閱讀能夠帶給她發自內心的寧靜與踏實！而且恢復閱讀後覺得自己脾氣好了些、抱怨少了些、而且變得更有自信了！

熱情其實可以很平凡，去做就對了，哪怕只是每天短短的二十分鐘！

# 2 永遠像孩子般的可愛

學習是生命裡最有價值的時刻，不管年齡多大，認真學習所散發出來的神情與堅定的意志，永遠會像孩子般一樣的可愛！

時常到便利商店買東西的時候，會看到店裡的服務人員是有點年紀的長輩，他們精神抖擻的喊著「歡迎光臨！」並在架上補著貨，結帳的時候一樣笑容可掬的操作著收銀機收錢找錢，然後恭敬的說聲「謝謝光臨！」

一位店長就說，他們大多是所謂的二度就業，雖然因為年紀的關係也許在學習的步調上會比較慢一點，但在學習的熱忱與穩定度上就很令人敬佩。所以每當我遇到二度就業的服務員幫我服務的時候，我總是眼神看著對方並報以感謝的笑容，也許只是短暫的一兩秒鐘，都能讓我他們的身上感受到一股不屈不撓的熱情與激勵。

在各縣市的圖書館，大多有開設免費學習電腦的課程，教授的是基礎的電腦應用、作業系統的環境了解、如何上網搜尋資料、收發電子郵件、上傳與下載等基本的電腦操作，主要對象是針對銀髮族的朋友，我時常在前往圖書館借還書的時候，都會不由自主的朝著電腦室望去，透過玻璃看見二、三十位長輩們努力學習的模樣，總覺得那是一幅很美的畫面。

也曾經在游泳池畔看見年長的老翁奮力的學著游泳，吃水、嗆到，但依舊堅持著；也曾在公園裡看到奶奶與孫女一起穿著溜冰鞋在練習著；還有在自行車道看見滿頭白髮的長輩認真的在學騎腳踏車！

每當見到這樣的情景，我都會以欣賞的心情駐足一會兒，然後反思問著自己，如果我到了那樣的年紀，自己會有那般的勇氣與熱情去學習還不會的事情嗎？

回想起年輕的學生歲月裡，學習就是理所當然的事，還不會的、沒接觸過的、不懂的，就應該把它弄懂，考好成績才算是一個好學生！但不可否認的，學生時代的學習有很大一部分是來自於父母老師的壓力，或是為了拿到畢業證書、為了畢業後的錢途，因此很難在那麼年輕的時候發自內心的享受學習的樂趣！

但是，當年齡漸長，我們在工作、家庭與責任的陀螺裡轉呀轉的，雖然時常會有想再學些什麼的念頭，但是很容易因為現實而變得裹足不前，最後總是無疾而終！

而且年紀越大很可能學習能力會比較緩慢，開口要請教的人可能都比自己要年輕很多，所以需要更多的勇氣與毅力才能支撐下去！但是如果能夠克服那道心理障礙的門檻，那麼**學習所帶來的喜悅好像真的可以讓人回春年輕了好幾歲**，這是我從年長的學習者所觀察到的，他們的面容、認真的神情與堅定的意志，就像孩子般一樣的可愛！

「那個老人好好笑！年紀一大把了還在學騎腳踏車，搖搖晃晃的實在有夠滑稽！」曾在公園裡聽到學生們這樣一段對話；也曾在職場裡目睹年輕主管對年長的parttime人員頤指氣使，我想也許他們的確是太年輕了，只是很淺薄的看到眼前：我都已經會的東西，怎麼比我年紀大的人竟然還在學？

但是我們千萬別忘了，在這個快速變化的年代裡，很可能我們原先會的技能、知識在很短的時間就被時代淘汰了，新的東西又後浪推前浪的朝我們襲來，當位置一轉變我們就必須再變成菜鳥從頭學起，所以不論在當下的自己角色是老鳥還是新兵，都應該運用同理心的幫對方著想才是！

「活到老學到老」是一句大家都知道的俗諺，但在我年輕的時候真的很難懂得它有多麼的重要，不過是把它當成一句琅琅上口的話而已，而現在已經慢慢的能夠體會到學習就是生命裡最有價值的時刻！不管現在的我們幾歲了，會了多少東西，重要的是一定要滿懷著一顆永不放棄學習的熱情，這樣的話我們的人生就能夠在它的引領下，找到一處屬於自己的桃花源！

**再冷也要熱情**

人老不可怕，怕的是一顆槁木死灰的心。

身體隨著歲月而老去是再自然不過的事，唯一能夠不被時間帶走的就是熱情與堅持的學習信念，因為那是生命裡最有價值的時刻！

# 3 熱情，千萬不能講效率、論輸贏

熱情不是用來贏得別人的讚美眼光，不該與名利權勢畫上等號，而是一種發自內心的豐盈喜悅

唉喲，我都幾歲了，那怎麼可能呢？

我的心早就已經冷了，很難像過去有那樣的熱情！

被傷的那麼重，以後真的很難再有熱情去愛一個人了！

「熱情」到底是什麼？為什麼人們會對一件事、一個人、一個理想而充滿熱情的努力下去，而且能夠真的從中獲得樂趣呢？

問問現在的自己，對你所處的工作、家庭、學業、人際關係、興趣，是不是還存在著一定比例的熱情？還是，不知不覺的對很多事就已經變成是一

個例行公式，照著既定的規矩不知所云的走下去，有點像是唸經般的，拿著木魚拚命的敲，嘴裡不斷喃喃的唸著，但到底所為為何呢？

熱情是一種什麼感覺呢？還是已經隨著歲月一點一滴的在記憶裡與生活裡被磨蝕殆盡了！

### ‧熱情，真的是會感動人的

一個人是不是活的很有熱情，其實從眼神裡就能看出端倪！很多動作、很多態度都可以假裝、能夠欺瞞，但眼神裡所透露出來的訊息卻是騙不了人的。

聊一個生活裡的觀察。在我先前工作的辦公大樓，中午用餐時間我時常會到樓下不遠的自助餐買便當，兩家自助餐廳毗鄰的相隔著打對台，一家弄的窗明几淨，裝潢也比較講究，而另一家相形之下就顯得比較老舊。但奇怪的是，比較老舊的那家總是大排長龍，但裝潢亮麗的那家始終生意都比較差。一開始，我為了省時間懶得排隊，都到生意差的那家，也覺得吃起來味道不錯滿合胃口的，而且價格也很公道。

後來偶然一次時間比較充裕，於是我就排隊試試生意好的那家，從夾菜到結帳大概多花了七、八分鐘，但重點就在結帳的那短暫的幾十秒鐘，老闆對每位客人都會親切的問好，並說：「不好意思讓你久等了！」，並解釋每道菜的價錢，若是有價格上的變化，都會不厭其煩的說明，最後恭敬的點個頭，而且眼神一定會注視著你。

我想就是老闆散發的熱情，讓買飯結帳的整個過程都讓人覺得舒服溫馨，而裝潢華麗卻生意較差的那家店，不僅一進到店裡就是很公式化的感覺，每道菜都有清楚的標價，夾完菜後秤重付錢，而老闆結帳時經常是盯著電視看，拿錢找錢也不會看你一眼，感覺上是很委屈自己的在經營這家店，雖然硬體比較豪華，菜色也比較豐富，但失去熱情的感覺原來是大家都意會的到的。

熱情，真的是會感動人的！我們捫心自問，對生活、對生命的熱情，到底能不能感動自己呢？還是，荏苒歲月竟讓熱情變成了槁木死灰呢？為什麼年輕的時候會有很單純的熱情，但隨著歲月的流逝，熱情竟然變成了奢侈品！

尤其是，年紀越大越沒時間去做自己喜歡的事，生命漸漸的變成只做該做的事，分分秒秒都用來換取看的見的滿足。在理想與現實裡掙扎的我們漸漸的市儈了起來，做每件事都在算計，斤斤計較著輸與贏之間的效率！贏不了的，風險大的就放棄好了，結果在不知不覺裡，我們的熱情竟是被輸贏所左右，要贏才有熱情，會輸的話就失去了熱情，似乎熱情必須與名利權勢畫上等號才具備價值。

曾有一個同事突然興高采烈的說他要學畫畫，要趕快去買些書與繪畫工具，於是我就順勢的問他說為什麼突然想畫畫呢？他說，上次去參加一位長輩的告別式，他看到別人的紀念光碟裡有著好多作品，繪畫、素描、樂曲等，於是很擔心要是自己的告別式上沒有什麼東西能播的話，那不是很糗嗎？

聽完後我愣了幾秒，然後在心中認真的思索著，也檢討著自己。到底我們喜好某樣人事物的那股熱情，是發自心底的，還是不過是虛榮與比較呢？如果是真的熱愛繪畫、素描，那就要努力去學習而且樂在其中，而不要是害怕離開世間的時候沒有東西能夠炫耀，因為熱情不是用來贏得別人讚美的眼光，而是一種豐盈的喜悅！

曾看過一則報導，內容發生在對岸的中國，在某個電視台舉辦的歌唱選秀節目裡，參賽者出現了一位七十多歲的女性長輩，因為一般來說歌唱選秀節目的參賽者大多是花樣年華的少男、少女，為的多是期望藉著這個機會當作一個跳板，然後一圓明星夢，因此這位長輩的出現反而有些突兀，但備受關注。

當她上場拿起麥克風，唱的是「瀟灑走一回」，「天地悠悠，過客匆匆潮起又潮落，恩恩怨怨，生死白頭，幾人能看透……紅塵呀滾滾，癡癡呀情深，聚散終有時……歲月不知人間，多少的憂傷，何不瀟灑走一回」。就這樣，她一字一句的唱出歌詞裡的意境，一開始她的歌聲、技巧、轉音等等並不突出，但漸漸的唱到了後半段，一股渾然豐厚的豁達熱情漸漸的感染了全場，在場的每個人包括評審都低著頭仔細的聆聽著，百轉千迴、低盪深刻的感受繞樑的貫穿著每個人！

**．不要遺憾過去，更不要算計明天，而是要把這一刻活的踏實有質！**

隨後主持人問她說，為什麼這個年紀還會想來參加歌唱比賽，她說幾年前她檢查出罹患癌症，當時醫生診斷說大概所剩的時間不多了，就從那一刻開始，她才真正的對生命有了另一層的感悟，感知到該做的事、想做的事就要趕快去做，不要去遺憾過去，更不要算計明天，這一分鐘、這一刻活得有質踏實才是最重要的！而且自己從小就喜歡唱歌，只要練起歌、唱起歌就覺得無比的快樂，但長大後因為生活忙的庸庸碌碌，更因為從事的工作與歌唱無關，因此很少有唱歌的機會。罹癌後她決定重新拿起歌譜練唱，並不為什麼，就只是單純的感受快樂，來參加這個比賽，也不是要得到什麼獎或是當歌星出唱片，就是想藉著歌唱將生命裡的熱情散發出來。

聽完她的陳述，台下與電視機前的觀眾感動的鴉雀無聲，似乎大家都在沉思著！是啊，那位長輩給了我們好多啟示，想想我們走到現在的人生，所謂的熱情時常是汲汲營營的想要獲得、抓住很多，一切講求效率、紀律，藉由金錢、權力、名氣來證明人生的價值，但正是因為充滿算計輸贏的心態讓熱情隨著年紀而消褪散去……

## 再冷也要熱情

所以，丟掉算計、拋下汲汲營營，我們就會發現，燃起熱情的火種並沒有想像中的困難！

放下對輸與贏之間的斤斤計較，贏不了的，風險大的就把它放棄，因為熱情不該被與名利權勢畫上等號。

也唯有如此，才能把每一刻活得踏實有質！

# 4 還有夢想、願意追夢，就是最偉大的幸福

相信遠方、相信夢想，希望是迷霧中還能眺望未來的窗，心酸釀成美酒，苦澀因愛芬芳，回頭風裡有歌歌裡有淚淚中有陽光！

記不記得，小時候的我的志願是什麼？總統？醫生？老師？護士？科學家？國父？王建民？林書豪？長大後的我們，有幾個人真的實現了我的志願呢？好，就算沒有實現，現在的你還保有什麼夢想嗎？你還有在為任何的理想努力嗎？還是早就忘了懷抱夢想是個什麼感覺呢？也許因為當歲月在我們身上刻下一道道的痕跡時，事與願違不斷的發生以後，一次次的夢碎，所謂的志願、夢想就漸漸的

變成好笑的俏皮話！

夢想好像就是拿來放棄的！夢想，好像長大之後就不見了！

## ‧我們因夢想而偉大，因痛苦而茁壯

「爸比，出國負擔很重嗎？」念高中的女兒問。

「不會啦！有夢想，就要努力去實現啊！」父親答。

「爸比，你小時候的夢想是什麼呢？」

「……人長大了以後，好像夢想就不見了！」父親遲疑了一會兒後回答。

「哪是，我一直都想當一個音樂家啊！」

「我是說長大了以後……妳現在不算！」

「我現在已經長大了好不好！爸比，那你小時後的夢想到底是什麼？」

對話中的父親是一位四十三歲，一直無法晉升的一毛三基層警察，女兒則是高中二年級，很有音樂天分，一直夢想著能當個音樂家，因此夫妻倆當時在協議離婚的時候，就說好了要替女兒各出一半的錢，供她出國攻讀音樂。一毛三的前妻離婚後很快就再婚了，經濟條件非常的好，替女兒出這筆錢綽綽有餘；但一毛三就不同了，他因為個性較為耿直，因此錯失了多次升官發財的機會，連小他十期的學弟都已經當上組長，而他卻一直的原地踏步，除非奇蹟降臨，大概是一輩子一毛三的命吧！

唯一令他寥堪慰藉的就是寶貝女兒了，女兒很早熟的看出父親在經濟上的為難，因此很多次都跟爸爸說其實沒出國也可以學音樂啊，並沒有因為父親的困窘而看輕他。

在一次關於職棒簽賭的監聽任務裡，一毛三意外的得知了簽賭的內容與時間，只要他監守自盜的也參加簽賭，那肯定可以藉這次的機會翻身，不但可以替女兒負擔出國的費用，更可以擺脫窮酸的人生！

也許真的是父女連心，正當他陷入難以抉擇的天人交戰時，女兒完全的看出父親的掙扎。在一個週末當一毛三帶著女兒看演唱會的時候，簽賭的組頭不斷打電話來催他下注，他正準備心一橫下決定的時候，沒想到女兒語重心長的說：「爸比，我想靠自己的力量來實現夢想，我不要你借錢來讓我出國，這樣我會覺得自己很殘忍，我們一起存錢生活，不要去借錢了好不好！來，爸比答應我，打勾勾！」

女兒的這段話給了他很大的力量，當場他的眼眶幾乎都已經濕了，但還是止住不讓女兒發現，因為他差點鑄下大錯，所幸在關鍵的時刻找回了自己。

後來，女兒又在不經意時問他說：「爸比，那你現在的夢想是什麼？」

「當個……好爸爸吧！」這次他很篤定的這樣回答。

這是某部短片裡的故事，我想它正好告訴了我們，夢想如果沒有遭逢失敗挫折，那就彰顯不出它的偉大！

「我們因夢想而偉大，因痛苦而茁壯」這是一句激勵人心的格言，但我始終覺得這段話一定必須兩句相輔相成的來咀嚼才會有它的味道。**夢想之所以會讓我們變得偉大，那是因為夢碎後的痛苦讓我們日漸勇敢，變得更成熟而茁壯，也正因為經歷夢碎的痛，才能懂得不因痛而喪志的可貴，在痛苦過後還敢築夢還能追夢，那才是讓我們偉大的關鍵。**

如果沒有遭逢失敗、挫折、苦難，那麼夢想時常只是個空想、幻想，甚至不過是迎合別人期待的價值而已！

就像故事裡的爸爸，都已經四十多歲了還只是個一毛三，只是個單親的窮酸老爸，當青春、機會、健康隨著時間一點一滴的流逝，還能對生命保有什麼熱情夢想呢？

原來夢想不一定是要當什麼偉大的人物，領導什麼龐大的企業，獲取許多的錢財，擁有無人不知的名氣，而是踏實無懼的活在當下。也許年齡會限制機會的多寡，但如果你還願意追求夢想的話，這股堅持的勇氣與毅力就能夠讓你的當下充滿活力擁抱希望，即便只是扮演一個雖不富有但能抬頭挺胸的爸爸！

**・不想過著只是殺時間卻絲毫沒有生命信念可言的人生！**

人會逐漸老去，可能性與機會隨之減少，於是很容易把生活過得黯淡無光，變成只是為了生存而吃飯、睡覺、繁衍子孫，這等於是失去了信念的生活著。

電影「托斯卡尼豔陽下」，黛安蓮恩飾演一位失婚的女作家，為了療傷在友人的鼓勵下參加了托斯卡尼的旅遊團，在陽光遍灑的土地上，她希望荒蕪的心能夠找到新的出口。

於是她買下了一棟擁有百年歷史的獨棟古宅，但在整理重建的過程裡遇到了許多意想之外的困難，在挫折中一時間新愁舊恨湧上心頭的讓心情又盪到了谷底。

朋友問她，為什麼要買下房子留下來呢？

她理了一下心情說：「我不想要一直活在害怕裡，我還有夢想，我想在這棟房子裡有個家庭。」

於是當地的朋友為了鼓勵她，說了一個故事。奧地利和義大利中間有座塞夢鈴山，那是一座地勢險峻的高山，當地的人想連接維也納到義大利，雖然工程困難且火車也沒有著落，但他們堅持克服困難的要鋪好鐵軌，歷經延宕挫折，但他們始終相信，只要擁有堅強的信念，總有一天一定會看到火車通過的。

於是女作家用心的思考這段話，她想，離婚後自己就一直失去信念，沒有了信念就無法開啟新的可能，變成只是過著生活卻沒有人生可言！

想想看，人是不是經常因為無法實現夢想而感到遺憾？是不是為了沒能持續那個信念而後悔？如果曾經在可以努力的範圍內，或是在現實裡稍微勇敢一些，就算最後沒有成功，這樣反而不會覺得遺憾，甚至是該為自己驕傲才對。

「永遠相信遠方，永遠相信夢想，走在風中雨中都將心中燭火點亮，給你溫暖雙手，給我可靠肩膀，今夜可以擁抱可以傾訴忘卻徬徨……永遠相信遠方，永遠相信夢想，希望是迷霧中還能眺望未來的窗，心酸釀成美酒，苦澀因愛芬芳，回頭風裡有歌，歌裡有淚，淚中有陽光。」還記得這首令人感動的歌嗎？

也許有時會灰心的覺得現在的自己已經沒有任何希望的可能性了，但只要你還敢擁抱信念，還有眺望未來的勇氣，那麼幸福將會以意想不到的方式回過頭來漾滿我們的生命色彩！

幸福，永遠留給還有夢想的人！

讓我們一起為彼此打氣吧！

## 再冷也要熱情

心理學家榮格曾經說過：「生命中所有最大與最困難的問題，其實大多無法在短暫的時間內解決。而有些人在苦悶當中還能保持相當的樂觀，並不是他們解決了問題，而是他們找到更強、更新的生命目的，來取代了那個苦悶！」

敢夢，然後在可以努力的範圍內勇敢的去做，哪怕是多麼的微小，都能在我們的人生畫板裡添上美麗的色彩

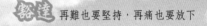

# PART3 再好也要淡泊

感恩這一刻的美好吧，
但千萬不要起心動念的想要把它變成永恆！

只要是凡人大概都會想要在美好中再貪求更多，
但古往今來的教訓證明了這是非常危險的！
其實，「淡泊」就是「不貪」而已，

但對平凡如你我來說，
真的必須時時警惕、刻刻反省，
這樣的話才有機會淺嘗著淡泊裡的美好滋味。

# 1 成功的本身就是最大的陷阱

成功的時候，容易放大自己的努力而忽略了機緣的協助，誤以為好運會永遠站在自己這邊，於是無限膨脹到看不見自己，然後親手挖一個大洞給自己跳，努力的替自己種下日後慘敗的種子！

**‧人往高處爬！**

比現在的自己更好，追求成功的人生，這是非常積極而正面的人生價值。因此成功就像佇立在遠方的燈塔一樣，只能舉目眺望，苦苦追逐！

正因為成功得來不易，因此激勵人心的話語大多給予正在邁向成功途中的人們鼓勵，像是失敗為成功之母、每一次的失敗都是成功的伏筆、每一次的考驗都會獲得收穫。磨難是財富、淚水是醒悟等等。這麼看來，其實在還沒得到成功之前所遭遇的一切苦難、困頓與孤寂，原來沒有那麼可怕，那麼換個角度反過來思考的話，成功究竟讓我們得到了什麼？掌聲？地位？頭銜？財富？踏實？優渥的生活？快樂？

得到了這些之後呢？會怎麼樣呢？從此過著幸福快樂的生活嗎？還是……

## ．成功帶來了什麼？

舉兩個經濟上的例子，先談杜拜，你會聯想到什麼呢？華麗的帆船飯店、度假天堂、快速升值的不動產、很有錢……

再談冰島，您又會想到什麼呢？活絡的金融交易、富裕的國民所得、優渥的福利制度、繁榮、有錢、蓬勃發展、值得效法……

不過上述的種種，都必須加上「曾經」兩個字！

是的，它們都曾經是成功的代表，某財經雜誌與財經節目也都曾大幅報導杜拜與冰島的「成功故事」，專文訪問該國的領導人，然後又延請了很多專家來分析為何一個國家能夠經營的這麼出色，我們能學習的地方又在哪呢？

只是，很諷刺的，不過是幾年的時間，「瀕臨破產」竟然成為它們的代名詞，於是專家又分析了很多的原因，像是金融業擴充過度，銀行和資本家紛紛涉足高風險投資，但政府對此不僅坐視不理，反而鼓勵它們大舉放貸，且國民又常年習慣靠借貸消費，大量的外國投資與過熱的消費支出造成了富裕的假象，於是由泡沫形成的經濟繁榮竟脆弱的不堪一擊，讓成功的典範從天堂掉進了煉獄中！

但是，為什麼呢？為什麼要過熱消費、過度放貸、過度投資呢？這都是在它們是「成功國家典範」的時空下所做出來的事，當然現在以後見之明來落井下石的評論，當然會說這些舉動真是愚蠢之至，但問題是，當時它真的是成功的、值得大家學習的……

所以，成功到底給他們帶來了什麼？

再從政治上舉兩個例子，分別是前總統陳水扁與前立委林益世，把他們當例子其實我的內心還滿沉痛的，因為他們不是遙遠的冰島、不是杜拜，而是活生生血淋淋的發生在我們生活的這片土地上，他們都曾經列在被人仰望的成功者之林，但如今……

林益世在被爆料錄音帶出現的前一刻，都還是個成功的典範，四十多歲就當到行政院祕書長，嬌妻還是個美麗的新聞主播，又是馬英九總統信任的左右手，論錢論勢論權都是令人數起大拇指的成功者，他在爬到成功地位之前也一定是篳路藍縷的努力著，他不去索賄、不去喬東喬西，還是很成功啊，可是為什麼要這樣呢？

再談前總統陳水扁！他曾經是終結國民黨長期執政的民主之子，一個三級貧戶的佃農後代，雖出身貧寒，卻憑著事事追求第一名的不懈奮戰精神，在大學四年級的時候就考取了律師執照，並投身反抗威權的民主運動之中！

我的一個高中老友，他是那種標準的傳統黨國意識極強的外省家庭，父親是國民黨的鐵桿部隊，但他在二〇〇〇年與二〇〇四年的兩次大選裡都投給了阿扁！他說雖然在意識形態上自己是藍的，但卻非常欣賞阿扁的那股堅毅不懈的刻苦精神，他覺得阿扁跟我們是同一個世界的人，都生活在辛苦的環境裡，所以像我們這種在基層辛苦打拚的人，都該學習他那股不服輸的意志！

反觀當時其他組候選人都是出身在優渥的政治世家，或是含著金湯匙的好命人，而阿扁能夠成功當上總統，給了我們在困境中的歹命人一個希望的標竿，也就是不管處境有多糟，都要展現出強韌不放棄的台灣精神！

還有另一位朋友說阿扁才五十歲就當上了總統，那他往後的人生還有什麼更高的目標可以奮鬥呢？

原來，我們與他們都錯了！因為我們所迷戀的成功，原來只是個最大的陷阱，它可以讓人們自己挖洞給自己跳，然後種下日後慘敗的因子。

陳水扁與林益世在成功後若沒有做這些事，會有損他們成功者的光環嗎？他們沒有污這些錢，沒有藉勢藉端的索賄豪奪，會變得很窮嗎？總統一個月四十幾萬的薪水，加上還有退休禮遇，雖稱不上是超級富豪，但也算過的十分優渥吧？過去三級貧戶的生活都能咬牙撐過，難道沒有那海角七億會怎麼樣嗎？

這些疑問，如果要我們或是現在的他們來回答，其實並不困難，因為我們與現在的他們並沒有獲取到如此巨大的成功，所以難以犯下那樣罄竹難書的大錯！

## ‧成功的集體焦慮

在邁向成功的道路上，我們必須努力的把原本不可能的變成可能，不要輕易的說做不到、沒辦法、太難：但成功的時候正好必須反過來，要努力的把可以的變成不可以，眼前唾手可得的，就要忍、就要戒，否則它就會像流沙一樣，陷進去了就很難不沉下去了！

其實，成功是自己的努力加上更多的機緣才能促成，但成功的時候就容易放大自己努力的力量而忽略了機緣的協助，或是誤以為機緣與運氣永遠站在自己這邊。也許我們會問，阿扁與林益世在做那些貪贓枉法的勾當時，難道不怕有一天會東窗事發嗎？

我想，是因為意氣風發讓他們忘了自己是誰，忘了自己怎麼一路走過來的，因為自己這麼厲害都能夠這麼成功了，那要一手遮天、掩蓋這些醜事有什麼難的！原本不敢的，在成功的時候都敢了，自己已經看不見自己了，無限的膨脹到無垠無涯裡！

有一句話說：「成功要趁早」，而另一句話「少年得志大不幸」則是完全相反的意思！沒錯，人們迷戀成功，希望越早享受成功的果實越好，就算阿扁與林益世他們現在身陷囹圄，但還是有很多人說：「哎呀，至少他們曾經風光過，像我們連風光過一次都沒有！」，這就可見大家都想要趁早成功，然後刻意忽略趁早成功所冒的極大風險，更不想去碰觸少年得志大不幸的真相！

所以我一直覺得，如果沒有清醒的透悟成功的本質到底是什麼，那麼就會陷入成功的集體焦慮中，於是我們用盡氣力的想成功，卻漸漸的在追求成功的過程裡，迷失了發自內心的踏實價值，所以才會在得到成功後，急著想要更成功，想緊緊的抓住成功不肯放手，但這樣的話，就必然會親手替自己撒下失敗的種子，徹底的讓「成功為失敗之父」的諷刺發揚光大！

「再好也要淡泊」，在成功巔峰的時候尤其需要。盛極必衰、物壯則老，這是大自然給我們的智慧，真的不得不有所警惕！

## 再好也要淡泊

「失敗為成功之母」是一句激勵人心的話語，它讓我們從不可能的困境中變成可能；但若是處在掌聲恭維的時刻裡，就必須倒過來的努力把眼前唾手可得的變成不可以，要忍、要戒、要抗拒，否則「成功為失敗之父」很快的就會被發揚光大，所以一定要有所警覺！

# 2 一億與十億到底有什麼不同？

懂得享受「如果」的樂趣，但千萬不要執著於能否成真！

每隔一段時間，就會出現公益彩券因為多期無人中獎而累積了可觀的彩金，最多還曾經多達十億多。每當這樣的情形出現時，原本低迷的買氣就會因為彩金的提高而重新熱絡起來，於是又會看到各大投注站大排長龍的盛況！

有趣的是，美國出現一位中頭彩的億萬富翁，他在中獎後接受訪問表示，他連續十六年每期都買，而且都簽同一組號碼，不管彩金多少從不間斷，就這樣持續了十六年之久！

從前有一個商人飄洋過海要到遙遠的地方去做生意，不幸途中遭遇海難，整艘船翻覆，船上同行的夥伴全都喪身海底，只剩下他一個人抓住一塊浮木得以活命。

他隨浪漂流到一處岸邊，上岸後循著小路便順道而行，前行一會兒後便遠遠看到前方佇立著一座銀色的城堡，器宇非凡，這難道是海市蜃樓的假象嗎？如此荒涼的地方怎麼可能有這麼華麗的城堡呢？正當商人狐疑之時，有四個婀娜多姿的美女走過來對他說：「您經過長途的跋涉才來到這裡，歡迎您的到來。我們這裡是銀城，其中有用黃金、白銀、水晶、琉璃、珊瑚築成的宮殿。我們四個人是專門來服侍您的，從早到晚都會聽從您的差遣，希望您不要到其他的地方去！」

商人於是在銀城裡住了下來，過著皇帝般的愜意生活。

但是過了幾年後，商人越想越不對：「這些美女不讓我到其他的地方，一定有什麼問題？」於是趁著美女熟睡的時候悄悄的逃跑了！

再沿著小路前行，不久後眼前又出現一座金色城堡，看去比銀城更加金碧輝煌，正當商人讚嘆的時候，八個美麗的女子出現在他面前，而且容貌與身材又比銀城的更加姣好。巧的是八名美女也同樣希望他不要再到其他的地方。

幾年後商人又覺得不對勁，於是又趁隙悄悄的跑走了！

然後他又看到一座更華麗的水晶城，這次有十六個美女出來迎接他，也一樣的跟他說不要去其他的地方。可是幾年後他又覺得水晶城也不過如此，一定還有更好的地方，於是又趁著美女們不注意的時候逃跑了！

這次他又來到了一座光彩奪目的玻璃城，城中走出三十二個美女來歡迎他，而且城堡裡的美食、歌妓與寶物全都比水晶城、金城、銀城的要好太多。但是商人一樣住了一陣子之後，覺得有些乏味之後就趁機離開了！

他走了一段路後遠遠的看見一座外表腐朽不堪的鐵城，走到城門口也沒有半個人來迎接，商人心想城裡肯定別有洞天，一定要進去一探究竟。但是繞了幾圈之後發現這不過是一座廢棄生鏽的鬼地方罷了，正打算離開的時候，一個長相恐怖的鬼擋住了他的去路，並給商人戴上了手銬、腳鐐。

鬼說：「美女從四個、八個、十六個到三十二個，城堡一個比一個華麗，可是你卻越來越不滿足，還想貪求更多，由於你的貪婪，現在讓你待在這裡，時間跟你先前享受的時間一樣長，希望你能有所省悟！」

曾經在彩金累積到十億的時候，我跟幾個同事聊到，其實對我們來說，十億與一億根本就沒有什麼差別，一輩子用也用不完，為什麼只在這個時候想買彩券呢？

「不一樣啊，十億跟一億差了十倍耶，怎麼會一樣呢？」同事說。

「可是十億幾輩子也用不完啊？」我說。

「唉喲，錢哪有人在嫌多的啦！當然是越多越好啊！」

沒錯，問題的癥結就在這，錢當然是越多越好，但是那麼多的錢要做什麼呢？

我很認同購買彩券就是一個希望的過程，所以才會有「一卷在手希望無窮！」的講法。但重要的在「希望」，而不是中獎的結果，因為中獎的機率根本是可遇不可求的。

我想美國那位彩券得主，如果他非常的貪戀的要趕快的變成億萬富翁，那麼他一定無法不管彩金的高低，就是同一組號碼，連續十六年不被任何因素干擾的持續下去。也就是說能夠懂得享受「如果」的樂趣，但千萬不要執著於能否成真！

因為那只是如果，不是現實，但是因為如果的可能性而活化了當下的意志，這樣的樂趣才是最真實的富有！

再看看故事裡的商人，其實說穿了就是「貪」罷了！但平凡如你我，又有幾個人能夠抗拒這樣的誘惑呢？

我想，「淡泊」就是「不貪」兩個字而已！但真的必須時時警惕、刻刻反省，否則一不小心又會只剩下後面那個字那就糟了！

## 再好也要淡泊

「鞋子不管尺寸大小都是同一個價錢，那當然買最大的那雙啊！」

這雖然只是一段笑話，但靜下心來想想，我們在追求金錢慾望的同時，有沒有陷入越多越好的迷思裡呢？

太大的鞋子，可能連走路都沒辦法了，還是合腳的比較好！

# 3 歹戲拖棚與續集電影

歹戲一定曾經是好戲，但問題就在於眷戀，不懂得見好就收，一路拖下去的結果好戲就注定變成歹戲了。

我想應該沒有人會不喜歡看戲吧！

也許有人喜歡喜劇、有人喜歡悲劇，有人喜歡大場面的動作片、有人喜歡清淡雋永的小品，也有人偏愛動畫、或是著迷於武俠、科幻、推理、布袋戲、歌仔戲等等，但也許喜歡的口味會各有所好，但真的很難有人是真的不喜歡看戲的！

為什麼人會喜歡看戲呢？我想是因為戲劇滿足了我們在現實生活裡所或缺的投射與補償吧！

漢彌爾頓（Hamilton. C. M）曾經開宗明義的說：「戲劇是演員在舞台上當着觀眾的面前表演一個故事」，並且由「演員」、「舞台（表演場地）」、「觀眾」、「故事（情境）」這四個元素組成。若是我們把戲的時間與空間的規模拉大，的確有點像錯綜交織的人生旅程，所以也才會有「人生如戲、戲如人生」的講法了！

不知道你有沒有曾經有過這種經驗，那就是迷上一部連續劇或是影集後，當完結篇到來的那一刻，心底宛如失去知心好友的那種悵然若失心情，有些失落、有點惆悵，久久的難以平復。

而近年來隨著網路與隨選視訊的普及，可以不用守著電視台播出的時間，想要一次看完或是反覆重看都不會是問題，於是時常在看到最後一集前就先停住不看了，怕的還是面對結局後頓失所依的寂寥心情。

還好，這樣的心境隨著年齡的增長也就慢慢的痊癒了，因為在歲月的磨難下，**漸漸懂得什麼叫做「相聚離開都有時候」，好看的戲有開始當然也會有結束的時候，正因會有結束，戲才會這麼好看。**

試想，如果一部戲永遠沒有完結，那還有可能會好看嗎？古諺裡的「歹戲拖棚」似乎做出了傳神的解釋。字面上的意思是指一部戲已經演到乏善可陳窮極無聊的境界，但卻遲遲不完結還佔著棚子死不下檔！

而這句諺語對台灣的觀眾朋友一定能有更深的體悟，在有線電視開放後，我們的八點檔流行著一種本土長壽劇，一演就是兩三百集，演到天涯海角、演到天荒地老，演到沒有辦法的辦法才要完結，這似乎把歹戲拖棚這句諺語發揮到最極致。

而且我覺得這句諺語最大的精隨就在「拖」這個字。其實為什麼會變成歹戲呢？正是因為拖的緣故，歹戲一定曾經是好戲，很受歡迎、劇情好、演員賣力才能登上舞台在棚子裡有一席之地，但問題就在於眷戀，不懂得見好就收，一路拖下去的結果好戲就注定變成歹戲了。

還有一個有趣的現象就是影評最愛調侃的「續集電影」。為什麼會有續集呢？一定是首集佳評如潮、口碑好，票房佳，於是製片編導想在既有的架構下激盪出新的火花，但續集電影卻總是讓人失望，其實它的問題就在於「續」這個字，**因為最高潮的那一幕已經在天時地利下到達巔峰了，所以拚命的想貪戀延續也不可能再現過往的精采，所以續集會每下愈況是再自然不**

過的！

如果把戲劇類比到人生舞台裡的角色扮演，也許就更能體悟到再轟動、再受歡迎的角色都會隨著時間而逝去的！因為在不同時期我們的角色可能會一直的有所改變，可能有時是配角，有時登上了主角，時而風光，時而無人聞問、平淡如水，但重要的是，再風光的角色都必須有下台的時候，當時間到了，就必須淡泊的讓他結束。

觀察看看，生活周遭有沒有這樣的人，開口閉口就是：我過去可是如何如何⋯⋯、那個時候多少人看我的臉色⋯⋯、以前我是有夠吃的開的⋯⋯，然後像機關槍似的抱怨著眼前的一切，兒孫不孝、世風日下、人心不古、政府無能、中國鴨霸、美國蠻橫⋯⋯

其實，事情根本就沒有他們想的那麼嚴重，也許他過去真的曾經可以呼風喚雨，但是現在也沒有很糟啊，只不過是大紅大紫的角色結束罷了！如果人生是一場戲，那麼他的舞台就會像一條展延的道路，我們只能一步一腳印的走過它，不斷的接受新的角色、用心感受著不會停留的生命風景，不能夠妄想停留在某個路段賴著不走，或是貪戀著某段歷程裡的某個角色、某片風景，因為沒有人能永遠演主角，更不可能永遠獲得滿堂喝采，這是生命的必然！

也許，在人生的劇本裡，我們沒有選擇角色的權利，但該演什麼的時候我們就用心的演好他吧，如果幸運的有個令你得以盡情發揮的角色，千萬記得要淡泊的不要讓他變成歹戲拖棚的長壽劇或是續集電影才好！

## 再好也要淡泊

再好的美食也禁不起每天品嚐，
再美的花朵也禁不起時刻觀賞，
再燦爛的時光也終將成為過往，
不執著、不眷戀，此刻就永遠會是最好的時光！

# 4 感恩它們的倒下吧！

既然建造有時，拆毀有時，那就淡泊的感恩它們倒下吧，因為倒下的那一刻，就是開始！

在雜誌上看到一篇名為「夷為平地的夢想」的報導，其內容是描述位於英國倫敦的海德公園裡，在每年的夏天都會邀請一名設計師打造一座全新的建築物，但每次只有為期六個月，六個月後就會將作品拆毀，再度的恢復到平常的模樣，而這個地方被稱作「蛇型藝廊」（Serpentine Gallery）。

「每一年，受邀的設計師都在挑戰自我的極限，而每一次，我們也都在品嚐那份努力突破所帶來的感動！」藝廊的策劃人這麼說著。而蛇型藝廊的這項建築創意計畫，迄今已邀得札哈哈帝（Zaha Hadid）、萊比斯金

（Daniel Libeskind）、伊東豐雄（ToyoIto）、MVRDV、尼梅耶（Oscar Niemeyer）、庫哈斯（Rem Koolhaas）、法蘭克蓋瑞（Frank O. Gehry）等八組建築師一試身手，其中六位得過建築界最高榮譽普立茲克獎（Pritzker Architecture Prize）。

某一年，有一位設計師以倫敦的市街景物為主題，將公車與候車亭、公共電話亭與郵筒為靈感，輔以紅色系的視覺效果打造了萬綠叢中一點紅的醒目建築，就像一座縮小版但富含藝術氛圍的虛擬城市，於是不論是年輕人或是年紀較大的長者，他們悠遊的在此運動、聊天、野餐、下棋，孩子們則是盡情的嬉戲，整個公園裡洋溢著一股活潑陽光的氣息。

剛看完報導後，我想很多人的反應應該跟我一樣，既然六個月後就要拆毀，那又為什麼要去努力的構思、設計、建造呢？

好不容易設計建造的作品，為何那麼快就拆掉？怎麼不保留久一點呢？

於是我想更進一步了解這整個計畫的用意與初衷，所以上網搜尋相關的資訊，經過慢慢的咀嚼與思考後才恍然大悟，原來正是因為不去執著要永恆的保留什麼，所以才更能讓不受限制的創意與想像力發揮到極致，也就是發自內心了解到有限的可貴，才能在不受拘束的情況下迸發出最棒的創作！

「這大概是我這輩子最棒的作品了」一位參與蛇型藝廊的設計師說，當知道了完成後不久就會拆除，反而因此在心態上完全的釋然，試著去適應學習終將歸零，重新開始的心境，於是許多超乎想像及大膽的設計，是在平常的工作當中無法做到的，且在整個過程中體會到自由的境界與意念的浪漫，就算最後看著自己的作品被夷為平地也不會因此感到沮喪！

因為在他們的心中，隨著活在當下的踏實滿足，恣意的讓夢想奔馳高飛，這股意志是無論如何都不會被剷平的，而市民也享受的樂在其中。

今年夏天陪朋友的孩子們到海濱玩水，看著孩子們天真的笑顏，這就讓我想起了海邊的沙雕藝術！還記得小的時候，最喜歡夏天的時候到海邊玩水，然後就地取才的用海沙、貝殼、浮木甚至是寶特瓶保麗龍來蓋起一座座幻想中的城堡，享受著陽光、沙灘與海浪的快樂！

「我們的城堡王國下次再來還會在嗎？」一個孩子問。

「這是海邊，海浪大一點或漲潮後就會被沖掉了！」我答。

「啊，那這樣怎麼辦啊？」孩子問。

「所以寶貝，我們趁海浪還沒來之前把它蓋到最漂亮好不好？」我的朋友答。

於是孩子們純真的點點頭又再拿起鏟子來挖沙堆土，繼續的努力著！

沒錯，不管我們怎麼用盡心力的想保住已經完成的美麗沙雕，潮水終究會把它沖走的，不管我們如何的執著，卻是一點用處也沒有，因此我們必須全然的接受再美再好的人事物都有結束的時候，如果一直患得患失的想要保有，反而無法在當下享受它所帶來的喜悅！

所以，堆完沙雕，充份的享受了那份簡單的快樂，就好！等時候到了，就讓它自然的回歸大海，如是的雲淡風輕！當這份執念放下了，我們才能夠全然投入的享受當下的美好。

寫到這，我想起聖經裡的一段話：

生有時，死有時；栽種有時，拔除有時；

殺害有時，醫治有時；拆毀有時，建造有時；

哭泣有時，歡笑有時；哀慟有時，舞蹈有時；

尋找有時，遺失有時；保存有時，捨棄有時；撕裂有時，縫補有時；緘默有時，言談有時；愛有時，恨有時；戰爭有時，和平有時！

也就是說天下萬事都有定期，都有上帝所指定的時間！但也許身為人的偈狹就是會想保留些什麼，尤其像是生有時；栽種有時；建造有時；歡笑有時這類美麗的時刻，不過，想想蛇型藝廊給我們的啟示，既然建造有時，拆毀有時，那就淡泊的感恩它們倒下吧，因為倒下的那一刻，就是開始！

## 再好也要淡泊

天下的萬事萬物都有他的定期，都有上帝所指定的時間！如果一直患得患失的想緊緊抓住，反而會無法在當下享受它所帶來的喜悅！

## 衍伸閱讀　散文式短篇小説——「神奇的療心餐廳」

「療心二重唱」的聲音裡有著一股滄桑後的坦然淡定，合著渾厚的嗓音，詮釋著一首又一首既快樂又悲傷的生命續曲，揉合了生命的峰谷調合出來的淡定沉醉、不慍不火，時而高亢時而低沉，聽著聽著就能感受出一股難以言喻的療癒魔力……

因為真正的歷經過萬人簇擁的虛然，然後一夕間墮入深淵裡的被人唾棄並成為了階下囚！而經過了真誠的面對、反省與懺悔，他們再站了起來，也因為遭遇過這些，因此他們深深知道淡泊的可貴……

### ．有著這樣的一股聲音撫慰著無數人們的心田

有著這樣的一股聲音，在每個靜謐的餐後晚間，時而唱著悠揚渾厚的歌聲與旋律，時而唸讀著朋友們真實且釋然的生命故事，又或是就單單彈奏著悠悠悅耳的音符，然後輕輕的悄悄的拂進人們的耳中，這是一種非常令讓爽朗神怡的心靈經驗，伴隨且撫慰著無數聽眾們的心田。

這世界、這城市似忽被太多不是那麼要緊的喧囂給佔據了，千篇一律的長壽劇、爭得面紅耳赤的政論Callin節目、無聊當有趣的談話節目，或是上網看著不知所云的臉書動態，這些空虛無比的儀式，讓原本就焦躁不安的心更加的荒蕪。於是，這樣一股能夠安定神經的聲音就這樣一傳十十傳百的溢散了開來！

### ．到底是你們好失敗還是我們好成功？

簡弘恩一直等到療心餐廳已經打烊、曲終人散之後，等著芊蓓與洛維整理好樂器準備下班的時候，才走向前去跟他們攀談。

弘恩拿下帽子、摘下眼鏡，洛維與芊蓓才認出是他。

「唉喲，原來是你啊，小簡，幹嘛弄成這樣，我們都認不出你來了！」芊蓓說。

於是他們給了彼此一個大大的擁抱。

「對啊，我還以為是誰呢？不過，現在不能叫小簡了，要叫簡經理才對吧！」洛維調侃的說。

「欸，很故意喲！還是叫我弘恩或是小簡都好，在你們面前，經理這個頭銜一點意義也沒有！」

「開車來的嗎？」洛維問。

「沒有，我把車給賣了，現在大部分都是騎腳踏車或是搭捷運！」

隨後弘恩看向戶外的露天區，「不好意思，想抽根菸，我們到外面聊好了！」

芊蓓與洛維點點頭，一起走向戶外的露天陽台選了一桌坐了下來，弘恩點起菸說，「你們……應該是戒菸了吧！酒…這裡沒有賣酒…我想你們應該也戒酒了吧！」

芊蓓與洛維點點頭然後有些尷尬的看著彼此。

「不好意思，提起這件事！我不是故意的，只是看到現在的你們，心裡很有感觸！」弘恩有感而發的說。

「沒關係啦！沒錯，我們現在真的是戒酒了，而且老闆也堅持不賣酒！這些事都過去了，遠離了那些東西，那種生活的方式，現在真的很踏實、很坦然！」

弘恩若有所思的想著，然後大嘆了一口氣說：「其實，我已經來好多次了，要說偷偷的來很難聽，只是我真的很喜歡這裡，好喜歡你們的節目，怎麼辦呢？我已經變成你們的忠實聽眾，變成這家店的老主顧了！」

「那我們真的是該很高興啊！」芊蓓看的出弘恩的掙扎，陪笑的說。

「問題是……你們知道，我來這邊可是有任務的！我是愛上了單單就是來這邊吃頓晚餐，然後身體、心靈整個放鬆的聽著你們唱歌、講故事，可是偏偏魁董有交代要我來說服你們，不過幾次下來，我都不知道該用什麼立場、用什麼話術來開口……**要說服別人重點是自己要相信自己要說的，可是……**」

氣氛頓時變得有些沉重。

芊蓓與洛維互相交換了眼神。

「其實，小簡，在你之前，魁董有透過一些間接的管道把這個訊息透露給我們，是我們一直沒有給他正面的回應，不好意思啦小簡，害你為難了！」洛維說。

「這我知道啦！魁董現在那麼出名，捧紅的歌星、演員、電影、偶像劇實在真的多到很難一一細數！所以啦，以他的眼光認為現在的你們有很大的機會會比十五年前還紅，小巨蛋開演唱會只是個開始，到大陸、香港、新加坡、日本……而且你們的廣播這麼受歡迎，當年是因為還沒有網路，可是現在拜網路之賜你們的聽眾全世界都有，只要出個兩張專輯，開個全球演唱會不是難事！」

「魁董還一直強調這種機會不是那麼容易有的，要你們不要再逃避了！他每次都對著我說：『這兩個人還真奇怪，其他人是巴不得想大紅大紫，你們倒是有這種千載難逢的機會還在那邊猶豫不決！』」

不過前一陣子我意外的在網路廣播的選單裡點選了你們的節目，然後再找到這家餐廳！你們經歷過的大風大浪大起大落我是再清楚不過了，所以大概明瞭了為什麼你們的聲音會這麼有療癒人心的魔力，也是因為你們，讓我思考到我過去從來沒有想過的問題？然後我就矛盾了起來，到底是你們在逃避還是我們在逃避？」

「小簡，這麼多年下來，魁董的娛樂事業做得那麼大，而你也爬到經理這個位置了，現在應該是一人之下萬人之上了，很有成就不是嗎？」洛維說。

「其實，當時你們也知道的嘛，很簡單就是想往上爬，不想往上爬的人才奇怪呢，就像你們想紅是一樣的！然後就這樣一直爬一直爬的，一路上幹掉了很多人就到現在的地位啊！」

「可是……小簡這麼說有很多人會捶胸頓足喔，多少人羨慕你現在的事業跟地位啊？」芊蓓說。

「別這樣好不好，你們是療心二重唱欸，老朋友跟你們講真的啦，而且你們最有資格，也最懂我在說什麼吧？」

芊蓓與洛維低頭的若有所思。

「沒錯，我現在是很成功啊，可是看看你們，你們除了沒有我這麼成功、這麼有地位之外，每次聽聽你們的聲音，就覺得你們好從容、好淡定、好自在，然後我就會反思一下自己，到底是你們好失敗還是我們好成功？我真要一直抓著眼前這些東西嗎？可是不抓著又真的有勇氣放的掉嗎？還是根本就回不去了……」

## ．一種既鎮心又悟然的療癒魔力

歡迎再次的來到「療心時間」，每週二到週日晚間七點到十點現場直播，由我芊蓓與洛維在此與您共度。接下來親自彈唱的曲子是……

「療心時間」真的可以說是廣播節目的異數，不過嚴格說起來它其實是一個現場收音的節目？因為它並不是在廣播電台的錄音室製作，而是某家音樂餐廳的現場直播，就像很多居酒屋、鋼琴酒吧晚間有駐唱歌手彈著吉他，有的餐廳則是有DJ主持現場，再配合播放一些歌曲，或是幫來用餐的客人如果有壽星的話，應景的放些生日快樂歌！

而「療心二重唱」他們配合著鋼琴、烏克麗麗、陶笛等樂器，合著渾厚的嗓音，詮釋著一首又一首既快樂又悲傷的生命續曲，揉合了生命的峰谷調合出來的淡定沉醉、不慍不火，時而高亢時而低沉，聽著聽著就能感受出一股難以言喻的療癒魔力。

另一個最受聽友歡迎的就是「story」，生命故事的時間！透過芊蓓與洛維的誦讀，分享著一篇篇聽眾朋友們寄來的真實生命故事，有的身陷生命幽谷，正沉陷在痛苦中掙扎，也許在當下所遭遇的問題仍是無解，但藉著動筆敲擊鍵盤書寫的機會，將情緒在這個園地裡安全無慮的釋放出來；有的則是身處於黎明前的黑暗，有的則是分享著曙光乍現的喜悅，有的則是已經雨過天青……

不管是那一種生命故事，在芊蓓與洛維的聲音中，配合著輕彈的鋼琴演奏，**此時所有的聽眾們彷彿暫時的沉澱下來，進入到故事主角裡的處境裡一起的感同身受，隨遇悲喜！時常聽著聽著整間餐廳突然一片靜然，有人紅了眼眶，似乎大家都低著頭思索著。**

隨後，芊蓓與洛維會以他們的生命經驗提出一些自己的想法，有時則是現場用餐的聽眾，時常是滿頭白髮的長輩，他們自發性的透過麥克風提出建議或是分享自己的生命哲學。也有很多聽友透過 email 或是臉書來表達關心或是意見。所以療心時間就像一塊靜心、療心、談心的園地，透過聲音、音符與文字的耕耘灌溉，彼此交流、關心，也許很多遭遇並無法立刻解決，但似乎有種無形的溫暖陪伴著彼此去努力適應生命中種種不那麼容易扭轉的局面。

後來社區的低功率電台找他們希望能在此收音，當作晚上的節目，後來口碑越傳越開，城市電台也希望能夠加入，又過一段時間後再擴及到全國連播網，到最後連網路上也都可以點選收聽，也就是說在世界的每個角落都能聽的到這個廣播節目。

療心時間為什麼動人，很多人說他們的聲音裡有著一股滄桑後的坦然淡定，因為真正的歷經過，經歷過萬人簇擁的虛然，然後墮入深淵裡的被人唾棄，甚至成為階下囚！而經過了誠心的面對、反省與懺悔，他們再站了起來，也因為遭遇過這些，因此他們深深知道淡泊的可貴。所談的不是一些學院派的大道理，但百分之百的能感受到既靜心又悟然的療癒！

**・很物質、很慾望、很快速、很算計、很成功！**

為了不讓小簡為難，芊蓓與洛維還是主動的約見了魁董！地點是魁董選的，充滿著菸、酒、女人、慾望、權勢、地位的高級酒店包廂！這個氛圍對他們來說睽違了十幾年，再次的嗅到這股慾望的味道。

「你們到底想不想再紅起來？出唱片、上節目、開演唱會、被歌迷包圍，代言、拍廣告，甚至是拍電影我覺得都不是問題！就是這樣，過走紅成功的人生，十幾年前你們曾經嚐過那種滋味，我覺得你們現在的狀況，一定可以鹹魚翻身的，賺進大把大把的鈔票！」

一見面，魁董馬上開門見山的說出自己的想法。

魁董真的是個慧眼獨具、敢賭敢衝的商人，想當年他和小簡都只是一家小唱片公司的行銷企宣專員而已，而當時洛維與芊蓓迅速竄紅，成了公司最重要的搖錢樹，如今十五年過去了，魁董成為亞洲最具規模的娛樂事業集團首領，版圖擴及唱片、廣告、電影、出版、廣播電視、數位內容等……

當然，商人的唯一標準就是獲利，而不斷的戰鬥就是他的人生最高價值，贏是最硬的真理，所以併購、政商關係、壟斷等不是那麼磊落的方式對他來說只要能達到目的就好。所以隨之而來的負面新聞就非常的多，不過說穿了也不外乎就是官司、錢、權、酒、色……似乎也沒有多麼的特別！

不過，只要他的錢勢還在，那麼這些所謂負面的事自然有人會幫他解釋的不是那麼負面，因為他擁有的畢竟是大多數的人一生都渴求而難以得到的。

「你知道嗎？你們搞的那個什麼療心的東西其實很有價值，而且你們的身上有過滄桑的故事，我跟你們講，人們很不愛現在式的滄桑，但卻很愛聽過去滄桑故事，只要你現在是發達的，那麼過去的滄桑就會變得很有價值，可以變成白花花的鈔票！而且原來餐廳的老闆是那個孩子的爸爸媽媽，過去他們告過你們，你們還跟他們下跪，這實在太有爆點了，所有的戲劇元素都具備了，真是太好了！」

魁董摟著辣妹又是菸又是酒地說著。

「你們的故事真的很特別，當年事情鬧得那麼大，竟然多年後他們真心的原諒了你們，而且還能夠一起合作把一間餐廳經營的這麼出色，所以我計算過，除了你們本業的唱片之外，還能夠搭配出版有聲書，把這些年來的心路歷程包裝成出版品來販賣，而餐廳嘛，就開這麼一間太浪費了，全省串連開個二十家連鎖應該沒問題，而且還能附帶來賣個『療心能量水』、『療心茶』、『療心快餐』，我覺得一定可以大賣的……」

魁董說的口沫橫飛的，很物質、很慾望、很快速、很算計、很成功！

而且，這個機會的出現對他們來說不掙扎是騙人的……

「你們開車來的嗎？」魁董問。

「沒有，我們搭計程車來的！」

「那太好了，我一定要送你們一程！」魁董非常想炫耀他那輛千萬的法拉利跑車。

「不用了啦，魁董，我們自己叫車就好了，而且…我們都喝了酒，找代理駕駛比較好吧？」

「唉喲，你們別開玩笑好不好，我那一千二百萬的法拉利哪個代理駕駛敢開，他們連個方向盤都買不起才會當代理駕駛，沒那個膽敢開我的車！」魁董非常炫富的說。

芊蓓與洛維還是非常猶豫的想拒絕，魁董於是說：「欸，開車的是我，要罰也是罰我，我錢多車多沒在怕的啦，你們不搭就是不給面子喔？」

「這……」

・談心聊心療心靜心

談起這家「神奇的療心餐廳」，老闆慶揚曾經是知名飯店的主廚，老闆娘詠茵則是連鎖餐飲集團的經理，因此他們對於餐飲業是擁有硬實力的真專業。

它座落在台北盆地的某個郊山的半山腰上！

說起來大台北真的是得天獨厚，因為是盆地地形，所以四周被群山所包圍著，但這些山群卻都很容易親近，北邊的陽明山大屯山群，西邊的觀音山、林口台地，東邊的四獸山、南港山群，南邊的烏來、貓空郊山，它們都距離市區非常的近，不到一小時內的車程就能讓我們全然的擁抱它，好好的享受被大自然呵護的舒適。根本不必去迷信什麼名山大澤，或是花大錢的去遙遠的國度旅行，山上的愜意與清閒垂手可得，只要你願意朝它走去，青山就會以清麗安適的姿態來回報你。

神奇的療心餐廳外觀是一棟三層式的歐式屋瓦莊園建築，淡雅的庭院，一走進去有一片造景的小水池與花圃，由於視野極佳，華燈初上後整個城市的夜景映入眼簾，一眼就能飽覽我們每天生活著的台北盆地。不過從高處往下看，時常會覺得有種淡灰色的濁氣停滯在城市的上緣，原來我們生活的地方就這麼的被籠罩著。

所以很多食客會覺得，與其困在擁擠的牢籠裡吃什麼一客幾千塊的高檔料理，不如暫時的遠離那個囚住自己的都市叢林，暫時出逃於腳下的繁忙雜沓。也由於交通的易達性高，所以很多上班族五、六點一下班，就奔來此地享受空靈逍遙的浪漫氛圍，在暢快舒活的適意中把箝於心頭的壓力一股腦兒的拋棄。

餐點來說並不是以豪華取勝的，但能夠感覺的出用心的精緻，西式排餐、義大利麵配合湯品沙拉，或是精緻的小火鍋、烏龍湯麵、拉麵，又或是中式的飯類，輕食類的總匯三明治等。

而所謂的物以類聚大概就是著個道理，由於餐點與空間氛圍的營造，來此的客人自然不會有那種大聲喧鬧、玩撲克牌、下棋划拳的，應酬ㄊㄨㄚ的飯飯之交也不多見，大多是因緣小聚的溫馨餐會，或是表面的情誼要慢慢的變成比較深交的朋友，大家在此談心聊心療心靜心。也有很多是一個人前來的，就是點了一壺茶，吃著簡單的輕食，靜靜著看著書報，望著夜景，聽著療心二重唱的演奏，來此尋找一份貼進已心的感覺。因為那是一種愜意的心靈釋荷，是打從心底的平靜，所以不會急著拍照要在臉書上打卡炫耀，而是享受著一份療心的神怡，沁存在每個人的心中，慢慢的感染著、擴散著、灌溉著，然後扎了根、長了藤似的一傳十十傳百，就這麼「神奇的療心餐廳」漸漸的闖出了名號！

### ‧這真的不是一件容易的事！

這真的不是一件容易的事！每年的這個時候，他們能夠平靜的面對彼此，一起帶著鮮花素果，前來跟他說出心中的思念與懺悔！

捻起香，虔敬的、莊嚴的、肅穆的向孩子表達心中的情感！

因為芊蓓與洛維犯下的過錯，讓一個孩子的生命因此終結，再多的道歉、懺悔也喚不回的青春生命。還來不及長大、來不及一起體驗很多事情，然後就忽然的消失在慶揚與詠茵他們夫妻倆的生活裡。有很長的一段時間，他們陷在過度的悲傷裡，無法相信生命驟逝的事實，夫妻倆不知道該怎麼面對這件事，不敢去碰觸孩子的房間，閃躲、逃避、假裝很好、沒事，但活生生的是當下的生活幾乎停擺，只能藉著追憶與怨恨支撐著每一刻。

算一算，孩子今年也應該三十多歲了，已經到了所謂的而立之年了，不過這都是活著的人一廂情願的追憶吧！但事實是，**活著的人還是要好好的把日子過下去才對，必須讓生活有個目標動力、讓悲傷有個句點**，因此經營療心餐廳讓他們夫妻倆的生活開始了啟動的第一步，漸漸的，夫妻倆也終於體認到，**孩子不會希望爸爸媽媽一直活在走不出的悲傷裡！**

終於在多年後的此刻，在孩子的面前，夫妻倆向芊蓓與洛維說出他們決定領養一對孩子的喜訊。

「真的嗎？真是太好了！」芊蓓與洛維高興的相擁在一起，似乎比夫妻倆還要高興，因為他們真的走了出來，進入了新的生命階段！

「其實，這麼多年下來，我跟老婆都覺得你們似乎比我們勇敢的多，當然，錯誤是你們犯下的，但是你們很勇敢的面對了，還記得當時你們出獄後，努力的從街頭藝人的起點再站了起來，然後私下的跟我見面，也因為這樣療心餐廳才會誕生，是你們面對了自己的困境，然後拉了我們一把！」慶揚說。

他們滿懷感恩的看著彼此。

「倒是你們，未來的路，下個階段的你們要過什麼樣的生活想好了嗎？」慶揚問。

此時洛維與芊蓓露出猶豫的眼神！

「你們的身價已經不一樣了，一堆人要來挖角，這個我都知道！在經歷過這樣的大風大浪後，我想更會明瞭當機會來臨的時候，就必須有所捨得，因為那不只是機會的選擇，更是生活方式的價值取捨！」

「可是我們……」

「沒關係，不用急著給我答案，不必一定要倉卒的做決定！你們好好的休個假吧，離開一下既定的生活空間，認真的思考一下吧……」

故事進行到這裡，如果您就是「療心二重唱」，會怎麼做選擇呢？

「再好也要淡泊」是一種怎麼樣的生命境界呢？「好」與「淡泊」的關係究竟如何呢？「好」的時候要做到「淡泊」有可能嗎？「好」的時候沒有「淡

泊」會怎麼樣呢？

什麼是「好」呢？很通俗的來說，就是成功、風光、出名、有錢，那麼魁董似乎就是這個價值的代表，他認為療心二重唱在消失了十多年後，此刻有了再紅起來的契機，因此所有現在可以用來商業化的東西都應該好好利用！

而「神奇的療心餐廳」與「療心二重唱」為什麼有療癒人心的魔力呢？正是因為那是從很糟的生命幽谷裡勇敢的再站起來所散發出來的氣息，療心二重唱先前紅極一時的時候，演唱會高朋滿座，享受著被歌迷簇擁的飄然，那時候賺錢對他們來說是很容易的事，日進斗金、紙醉金迷，要說那時候的他們是在「好」的人生狀態嗎？我想大家都會同意的，因為這樣的人生階段幾乎是每個人夢寐以求的！

### ‧讓淡定回歸淡定，讓再好回歸淡泊

那麼，在「好」的運勢下，要怎麼樣能夠做到也很「淡泊」呢？能夠不恃才傲物、不拜金沉迷，問問你我，那是一件容易的事嗎？尤其在那麼年輕

的時候！

而小簡的心境又似乎是我們大多數人的寫照，雖然漸漸的不是那麼認同魁董的價值觀，但走過的旅程已經是自己奮鬥大半生的足跡，怎麼可能就這樣放掉呢？**放掉地位、頭銜、優渥的物質生活，嘴巴說很容易，真的要力行的話幾個人做得到呢？**

小簡已經打從心底的愛上了現在式的療心二重唱，他覺得現在的他們比過去的他們好，找回真正的自己、過著淡泊坦然且實在的生活，雖然收入跟過去不能相比，也已經不是什麼家喻戶曉的大明星了，但藉著淡定生活所重生的聲音，不但療癒了自己也療癒了無數的聽眾朋友！

那麼，到底是現在式的療心二重唱好還是過去式的好呢？如果回到了過去那種日子，還能淡泊嗎？還能療癒人心嗎？

政治上有句名言：權力使人腐化，絕對的權力使人絕對的腐化！政治是人性的放大，也許一般人不像政治人物賭的那麼大，但靜觀眾生，人是真的很容易一好起來，就變得囂張、驕傲、目中無人、朱門酒肉臭……

於是，我們看到社會上很多名人、有地位的人、有錢勢的人，甚至是所謂的文教界、藝文界、宗教界的人，他們擁有比一般人更高的社會經濟地位，但卻有意或無意的表現出還是很不滿足的貪婪汲營面貌，炫富高調，越好越有錢卻越不知足，就像魁董全身上下所散發的氣息一樣！

曾經夯到不行的「淡定紅茶」，這是個非常成功的商業行銷手段，利用了「淡定」這個比較新鮮的用語來包裝茶品，讓原本並不出名的紅茶一夕之間爆紅了起來，後來有記者去訪問原來的構想者，他說這個淡定紅茶其實多年前就已經有了，而且在網路上的銷量一直平平，直到後來利用轉載的廣告後才迅速爆紅，但老闆還是堅持生產固定的數量，而且，他說了一句非常有哲理的話：「讓淡定回歸淡定吧！」

是啊，重點是「淡定」的修煉狀態，那是一種境界，但在商業的炒作下，變成只是一種流行、消費、一種追逐與跟風，於是很多消費者指定要淡定紅茶來讓自己淡定，但真相是，紅茶千百年來就只是紅茶，根本不曾改變過，不會因為加了淡定兩個字而讓煩憂的心淡定下來。當然，商品藉由成功的行銷擴大銷路是非常好的事，**但若是變成無止境的貪婪，那麼淡定就會距離淡定越來越遠了！**

回到這個故事，回到「再好也要淡泊」的主題。試想，芊蓓與洛維如果回到了過去的那種走紅生活，接著就順理成章的住在豪宅裡、開著千萬跑車、全身名牌的，然後出口成章的來談療心談人生，那會是一幅什麼樣的異相畫面呢？

如果療心餐廳開始賣起了「療心能量水」、「療心茶」、「療心快餐」「療心總匯三明治」，然後快速的擴張成「療心連鎖餐飲集團」，那麼淡泊、療心的中心精神還會存在嗎？

我想，「簡單就是幸福」、「讓淡定回歸淡定」、「再好也要淡泊」，這真的不是那麼容易的事！

# PART4 再糟也要豁達

在逆境的挫折裡，我們可以有兩種選擇，
一個是憤世忌俗的成天抱怨懊悔，
或是處之泰然的與它共處。
豁達是一種不患得患失的灑脫境界，
能夠讓我們在自在裡醞釀著無窮的爆發力！

也許所遭遇的橫逆無法在短時間內馬上克服，
但只要我們能夠懷抱著豁達的心境，
那麼被關起的那扇窗將會指引著我們去開啟另一道門，
打開後就會發現，又是另一片天寬地闊的嶄新世界！

# 1 豁達，是苦難賜予的祝福

莊子曾說：「喪己於物，失性於俗，謂之倒置之民。」物質世俗裡的峰與谷都只是一時的，眼前的每一件事，好的、糟的，最終會被時間穿透，因此追求每個當下的質量才能克服恐懼！

在一幅畫裡，一葉扁舟隨著洶湧的大浪載浮載沉。而船上的女孩卻絲毫沒有驚恐的神色，反而是平靜且篤定的仰望天際的一道曙光，與周遭惡劣的海象形成了強烈的對比。

這幅畫在乍看之下會也許會覺得突兀，有人會說：怎麼可能？在怒海驚濤駭浪中哪有可能是這麼淡然的神情？既然天候惡劣，怎麼可能天空還會有光芒出現呢？

另一個故事是，一個富商雖然日進斗金、家財萬貫，但心中卻非常的不安，於是他重金禮聘兩個畫家繪製大型的畫作想要擺在客廳，看能不能藉由閱覽畫作來減輕心中的焦慮。第一個畫家的作品很符合富翁的胃口，內容是一片壯闊的山湖美景，湖面靜謐如鏡，山川景色映照著湖面，看起來美不勝收！

第二個畫家的畫作背景是一處水流湍急的瀑布，亂石崩雲中感受出狂風暴雨帶來的不安與驚駭。富翁看了之後非常不悅的說：「我想看的是能展現平安寧靜的畫作，這幅畫看了只會更加心亂不安！」

此時畫家用手一指的說：「請您仔細的看看這裡！」

原來在狂風暴雨的亂石瀑布旁有一棵小灌木，頂端分枝上有個小鳥巢，裡頭有隻安睡的小鳥。

其實，這位富商所希冀的，正是我們大多數人心中所想望的！人們都祈求希望能夠被好運包圍，於是有的人拚命去算命、看風水、花錢改運……

也許，真的有可能覺得好像命變好了，得到了一些僥倖的好運，避掉了可能發生的厄運，然後呢？就必須再去算更多的命、看更多的風水、花更多的錢來改運，然後又得到了更多的好運！

於是你能夠想像嗎？這樣無止境的下去會得到什麼呢？很可能是好上加好的命與運氣，但還會奉送永恆的不安與焦慮給我們！

正如富翁對畫家的指責一樣，富翁要的是能有一個減輕焦慮的環境，亂石狂雨的瀑布看了只會讓心頭更加慌亂，但畫家的重點是在鳥巢裡安睡的小鳥，希望藉由牠安睡的模樣傳達出心靈平靜才是真平安的訊息。

怒海驚濤裡的小女孩想傳達的也是同樣的意境，因為真正的平安並非風平浪靜，只要心頭是篤定的，就算是怒風狂濤，心中仍會有一道曙光指引著我們懷抱希望的前行。

很多人會說，拜託，別再打高空了，老是講一些言不及義的話，我只想要成功，我不要低潮、討厭苦難、更不喜歡輸的感覺！我只想快快逃離現在這個令人不悅的幽谷！

的確，在低谷裡的感覺很不好受，因此會有很多人選擇逃避，不想去面對它，而是處心積慮的牟圖追求更大的成功，但是根本沒有方向可言，因為逃避掉的自己並不會因此消失，而是逐漸的累積、發酵……

被譽為「寓言之王」的著名作家Spencer Johnson，在他的作品《峰與谷》（Peaksand Valleys）裡提到：「當你對現況感恩，你就處於高峰；當你渴求自己缺少的事物，你就處於低谷」

這段話真的很耐人尋味，原本我一直以為要賺多少錢、要獲得某某頭銜、要住到陽明山的豪宅、開雙B轎車、要拿到美國的綠卡、要當個受人景仰的成功者，那才是人生高峰、才叫做成功的人生。但Spencer Johnson這段話告訴我們的是，高峰與低谷取決於我們的心境，當我們克服了恐懼，我們就處於高峰，當我們被恐懼挾持，我們就處於低谷。

然而，該怎麼克服恐懼呢？那就是不要逃避在苦難裡的一切，而是能夠坦然的接受它、擁抱它。**因為在峰頂上、成功裡要清醒是難上加難的，只有苦難賜給我們清醒的機會，低谷裡的痛苦可以變成當頭棒喝，讓我們面對始終忽略的事實！**

莊子曾說：「喪己於物，失性於俗，謂之倒置之民。」意思是，如果我們總是把自己迷失在物質的價值裡、世俗的權勢中，那就是把整個本末徹底的顛倒了！因為物質世俗裡的峰與谷都只是一時的，眼前的每一件事，好的、糟的，最終會被時間穿透，因此追求每個當下的質量才能克服恐懼！

想想看，在高度物慾橫流的社會裡，我們很容易被世俗的得失成敗弄得心神不寧，一定要在高峰上才能心安，恐懼著不在高峰上的任何時刻。因此，唯有經歷苦難，並在苦難裡吸取它的養分，漸漸的我們就能淬鍊出豁達無懼的人生視野，就算處於低谷，也能覺得像在高峰上，登上峰頂，也能清醒的不執著於眷戀眼前的美景，我想這是誰也奪不走的生命祝福！

## 再糟也要豁達

真正的平安並非風平浪靜，只要心頭是篤定的，就算是怒風狂濤，心中仍會有一道曙光指引著我們懷抱希望的前行。

高峰與低谷取決於我們的心境，當我們克服了恐懼，我們就處於高峰，當我們被恐懼挾持，我們就處於低谷。

# 2 用心感受花未全開月未圓的美麗境界

如果月亮沒有了圓缺，每天都像中秋的滿月一樣，那麼月圓還會令我們覺得醉心嗎？

如果盛開的花兒永遠都不凋謝，那麼花季還會美麗驚豔嗎？

如果可以再有錢一點，那就很完美了！

如果可以跟她結婚，那就很完美了！

如果可以有個兒子，那就很完美了！

如果可以買下那棟豪宅，那我就真的是個富豪了！

如果可以當上總經理，我的人生就棒透了！

如果早知道會這樣，當初就不該那麼做！

要是沒有這個遺憾，那我的人生就再完美不過了！

## ・「完美情結」是一切苦的根源

演員說：「我拿到五幕劇本，現在只演了三幕！」

——沒錯，你還沒演完。

但人生舞台未嘗不是如此？

演員把主演的三幕表演完，導演也感到滿意，如此便完成了演出，何不高高興興的退場呢？

這是馬可、奧理略所著的「沉思錄」第十二卷裡的內容。

只演了三幕就退場，於是會感到遺憾。人們總是期望完美的人事物，於是眾生在神明面前喃喃的祈禱，不外乎是求一個圓滿、一份完美！

於是乎這個完美情結正是一切苦的根源！

我們常常聽別人說，他是個完美主義者，做事力求完美，所以才會有今天的成就！問問自己，是不是那種會對生活裡很多大大小小的事容易敏感的人，每件事都要力求完美，對周遭的事情都有很強的主見與控制慾，難以接受不完美的人事物，也就是所謂的「完美主義者」。

其實這樣的處世態度在短期、微觀的層面上，時常會得到不錯的效率，尤其職場上爬到中階以上的人，很多都是靠著這種求好的態度來提升做事的績效，但是如果拉到長遠的人生境界以及與人相處上，這樣的心態絕對是需要調整的！

因為人與人之間的相處要的不是效率、不是完美，而是一種和諧！

常聽到人說：「盡人事，聽天命。」這句古諺所謂的「盡人事」，是一種積極的做事態度，把事情力求到最好，這是一種積極正面的人生態度，它能夠讓你的生命充滿鬥志，而「聽天命」要做的正是全然地接受盡人事的結果！

缺乏生命經歷的人總是用極心力的努力向前衝，把盡人事的氣力發揮到百分之一百零一，覺得聽天命是消極的悲觀主義，因此時常有意無意的刻意抗拒它、忽略它，只想擁抱賈伯斯、郭台銘、林書豪這類成功的故事，希望自己能夠變成他們。

因此，當結果不如人所預期時候，要做到聽天命就會變得難上加難。所以，全然的接受不完美的事實，反而需要更具豐厚高度的生命視野才能做得到。

## ‧圓滿讓它根本無暇體會缺掉一角的幸福

有一個關於圓滿的故事：

圓滿本來是個完整的圓，因此它滾動的非常快速，幾乎沒東西追的上它，也因此它始終不停歇且快速的滾動在萬事萬物的最前面，直到有一天它缺了一角而使它整個速度慢了下來，沒辦法像以前那麼的快，這讓它變得很不快樂。

圓滿於是下定決心一定要找回缺掉的那一角，好讓失去的缺憾能夠重回圓滿。但意外的是，在尋找的過程中，正因為它緩慢了下來，於是發現了清風與白雲竟是這麼的美麗，小草與蝴蝶原來是這麼善良的好朋友，這一路上的遭遇都是這麼的友善，過去它總是跑在最前面，根本無暇體會這一切！

漸漸的，它對缺掉的那一角已經慢慢的釋懷了，並在心中思考著，原來圓滿也不見得是那麼美好，而當自己接受了缺掉一角的事實，反而感受到圓滿時所享受不到的感恩與幸福！

因此，缺憾反而是一種美。也許我們一直都有個疑惑，那就是天下真的有圓滿的東西嗎？沒錯，地球是圓的，但這代表什麼意思呢？那就是世事的發展就是一個繞著圓轉動的自然現象，春去春又來、潮起又朝落，這都是輪迴的現象，誰也無法抗拒。

春天是圓滿的嗎？但是如果沒有炙熱的夏天、蕭瑟的秋與酷寒的冬，那又怎會有春暖花開呢？如果月亮沒有了圓缺，每天都像中秋的滿月一樣，那麼月圓還會令我們覺得醉心嗎？如果盛開的花兒永遠都不凋謝，那麼花季還會美麗驚豔嗎？

不可能有永遠盛開的花季，更不可能天天是中秋，這就是生命的本質、自然的實像，因為美好與缺憾都只是一個流動變異的過程，我們只能全然的接受它、體認它、感受它！

## ．動人的地方不在完美與否，而是過程裡所灌注的熱情與真誠

再說一個故事。A先生曾經是個非常有名的雕刻家，他創造的作品遍及各個國家，但是最近五年來卻一件作品也沒有完成。漸漸他的脾氣變得古怪、易怒、暴躁，更染上了酗酒的惡習。

因為他無法忍受一絲的不完美，更無法接受沒有進步的自己，而執著於自我設下的完美境界，只要稍有瑕疵或是感覺不對，就會將雕刻到一半的作品破壞打碎！

正當他持續失意的某天晚上，他打開電視無意間的看到新聞台播出的專題企劃，內容是專訪一位藝術品的收藏家，當記者問他說最喜歡哪一件作品時，他拿出了一尊看似不起眼的雕像。他說這是這位雕刻家早期的作品，雖然技巧與刀法有諸多瑕疵，整體的美學線條也略嫌生澀，但他卻覺得這個作品動人的地方不在技巧上的純熟與否，而是美學線條裡所灌注的熱情與真誠，他更拿出後來這位藝術家的作品來比較，他說這些不甚完美的作品通常是嶄新的契機，可以激發藝術者產生更新更廣的創作元素！

看完這則報導後，A先生如醍醐灌頂般的醒了過來！真的是旁觀者清，原來不見得要有完美的存在，如果沒有過去那些生澀的作品，又何來後來備受肯定的自己，於是他再拾起原本的自信，繼續的帶著熱情且真誠的創作下去，而不去執著是不是完美。

類似的情形也發生在貝琳達（Belinda Brasley）的身上，攝影是她最喜愛的休閒活動，只要能拿著相機拍出一張張美麗的照片，就能讓她感到甜甜的滿足。直到她發現自己在拍照時竟然覺得眼前出現一個揮不去的光點，起先還以為是太累造成近視加深，但就醫後才發現是視網膜病變，在經過幾次的手術依舊難以根治。這讓她沮喪萬分，因為拍出美麗的照片是她最大的樂趣，如今眼睛只能隱約看見模糊的東西輪廓，這就像失去味覺的廚師一樣，簡直是晴天霹靂。

就這樣，她把自己封閉了好一陣子，直到有一天屋外的天氣晴朗，湛藍的晴空讓她想起了櫃子裡塵封已久的相機，雖然自己已經是半盲的狀態，她仍拿出相機憑著直覺拍了不少照片。

不久後她的丈夫在整理照片時不禁驚奇地讚嘆：「這些照片在朦朧裡擁

有一種獨特的美感，真棒！」

其實這些照片並不完美，卻意外的拍到了我們平常注意不到的視角與風光，也因此在網路上受到熱烈的迴響！

失去視力的貝琳達說：「學習盲攝影讓她能有機會以新的方式來看世界。」她不再以挑剔的眼光看待照片，因為這會使她永遠感到無法滿意自己的作品。她說：「我的人生旅程像是一個完整的高峰和低谷，現在看起來，視力喪失後，像是進入一個穩定的旅程裡，卻意外的探索到深入心中的祕境。視力的減退雖然讓我的人生速度緩慢了下來，但也因此獲得了更多的時間去發現從前無法發掘的『美』與『神』！」

## 再糟也要豁達

宋朝書法家蔡襄有一首詩：「花未全開月未圓，看花得月思依然。明知花月無情物，若使多情更可憐。」

我想這就說明了大地萬事萬物大多數的時候都是花未開月未

圓的狀態，而人生又何嘗不是如此呢？也正是因為這份期待、這份不足，讓我們知道不可自滿而要謙卑，並懂得接受人生裡的缺陷與遺憾，如此才能擁有夠高的視野來感受花未全開月未圓的美麗境界！

# 3 雲在青天水在瓶

「上善若水，水善利萬物而不爭」

「不爭」正是智慧的關鍵，完全的配合地心引力，滋潤萬物並順其自然的不浪費能量的向下流，也正因此能夠爆發出最大的力量。

記得自己還是學生的時候，那時每天被課業壓的喘不過氣來，於是時常會利用週末的午後，從台北的美術館沿著中山北路往北散步，沿途會經過圓山橋，從那可以越過堤防遠遠地眺望基隆河岸，瞭望著寬闊的河道向前延伸，也許就只是短暫的十幾二十分鐘，但這就足以讓原本煩悶的心漸漸平靜下來！

後來在大二的時候，跟幾個同學一同參加救國團合歡山的健行隊，我們從翠峰出發，一路沿著公路緩緩前行，眼前的奇萊山群漸漸映入眼簾，而公路的右側則是萬丈深淵的濁水溪上游河谷，然後到了武嶺，這是台灣公路的最高點，最後抵達鼎鼎大名的松雪樓！

記得嚮導說松雪樓的位置正是中央山脈東西山脊的分水嶺，往西是台灣最長的濁水溪，往東則是流向太魯閣峽谷的立霧溪！當時才十多歲的我真的覺得好神奇，好像整個台灣就在我們的腳下，而且原來河流的源頭是長這個樣子，而我們就在距離天空最近的河流源頭感受著！

只是，當河流流進平地進入都市後，我們為了保全生命財產的安全，於是沿著河岸建起了一道道的堤防長城，也因此河流的脈動被堤防安全的隔離開來，於是我們與河流的關係漸漸的陌生了起來。

還好這些年來拜鐵馬風潮之賜，各地的地方政府沿著河濱興建腳踏車道，像大台北地區的淡水河基隆河沿岸的單車道加起來已經有一百多公里，並發展出堤防外與河岸共生的生態公園，雖然與河流還是有著一牆之隔著，但只要我們肯越過水門跨出堤防，就能夠找尋到一片親水闊達的休憩園地。

所以從小到大，一直很喜歡駐足在河濱的感覺，不管是騎單車、散步、站著、坐著、躺著。沒有一定要做什麼，就是迎著風，仰望著天上的雲彩，呼吸著來自水岸所飄散的恬適舒敞。

我常常思考，為什麼「水」會如此的令人迷戀呢？雲、山、冰、川、河、海，由高到低、由小到大、由天上落到地面、從飄渺到具體、從氣體、液體到固體，雖然它們的本質都是水，卻能夠千變萬化的以各種不同的形式存在著。

地面的水汽蒸發到天空變成雲彩，當聚集多了、條件充足了，自然就會變重掉到地面，然後由高處往下一路的流向大海，鑿過群山、穿過峻嶺，沒有任何刻意，如是般的自然。

所以不管古今中外，只要是談哲學、論體悟，幾乎都會把水的循環當作一個課題來討論。像是老子的「道德經」就提到：「上善若水，水善利萬物而不爭」！

這個「不爭」正是智慧的關鍵，也就是說遇圓則圓遇方則方，任何形狀都能適應，並且完全的配合地心引力，滋潤萬物並順其自然的不浪費能量的向下流，也正因此能夠爆發出最大的力量。

然而我覺得最有意境的應該是唐朝朗州刺史李翱所說的：「雲在青天水在瓶」。

李翱是韓愈門人，為朗州刺史時，曾親自拜訪了當時非常有名望的藥山禪師。不料親自登門後，藥山禪師卻於松下閱經，對他的來訪不理不睬。

於是李曰：「見面不如聞名。」

禪師曰：「何得貴耳賤目？」

李問：「如何是道？」

禪師向上一指，向下一指，曰：「雲在青天水在瓶。」

李翱聽完後，頓時整個人豁然開朗了起來，於是寫了首偈來表達他的感受：

煉得身形似鶴形，千株松下兩函經。
我來問道無餘說，雲在青天水在瓶。

字面上的意思是說：

把身體修煉得就像鶴那麼清高，那麼無拘無束。

在很多的松樹下面有兩函經（「兩函經」就是兩套經，是藥山禪師在松樹下所看的經，這兩套經可能是《華嚴經》、《法華經》，或者是《涅槃經》、《楞嚴經》）

我來請問「道」，其實也沒有什麼玄玄妙妙可講的。

其實道是什麼呢？就像雲彩就在青天上，水就在瓶子裡一樣！

引申的意思其實見仁見智，不過大部分都解釋為：是雲就在天空逍遙飄浮，是水就在瓶中安逸自在，也就是不管遭逢什麼處境，都能夠像水那般的柔軟自在！

人都渴望安定，喜歡確定的事，希望能夠掌控發生在周遭的人事物，但偏偏很多時候都是事與願違，尤其處於諸事不順的低潮期時，我們越希望如何，但結果卻正好相反，於是我們因此擔憂、焦慮！

佛教經典裡有一句很值得玩味的話：

如果事情解決得了，何必擔心，
如果事情解決不了，何用擔心！

也就是說事情從來不會因為我們的焦慮而有任何改變。只要我盡力了，擔心憂慮似乎於事無補！

一直到現在，每當遇到暫時無解的困境時，我還是會到河濱步道去散步或是騎單車，然後把自己想像成是一滴水，從地面蒸發，又從天上落下，然後從河源順流而去，什麼都不要做的就是完全的放開來就好，任由河道怎麼彎延，就隨著向下流去，沒有一定要到哪，一定要變成什麼，而是不抗拒的接受當下的一切。

不知不覺的，整個人、整顆心真的就慢慢的放鬆了下來，壓力也因此減輕了許多！

就讓水的冥想來幫我們洗去心頭的憂慮，然後跟隨著它順其自然的流過眼前的崎嶇吧！

## 再糟也要豁達

遇圓則圓，遇方則方，完全的配合地心引力，從不對抗物理的必然，只要有縫隙，它就會順勢的找到往前的路。也因此，水是最合乎自然，最順從真理的物質。

如果現在的自己正處於困難不順利的時刻，只要我該做的、能做的都盡力了，其餘的就像水一樣的順其自然吧，把憂慮焦躁的心全然的放開，那麼自然可以找到順流而下的出路。

# 4 酒吧打烊了，我就離開

重點不是我們從哪裡來，而是我們要往哪裡去；離開的本身就是一股力量、一份信念、一種精神！既然打烊了，那就滿懷感激、優雅微笑的離開吧！

「酒吧打烊了，我就離開！」

如果你是第一次看到這句話，不知道是誰說的？在什麼情境下這樣說？那麼這樣最好，因為在最沒有預設立場的情況下，你覺得它該怎麼解釋呢？

於是我就做了實驗，把這句話寫在紙上，然後問問周遭的朋友同事看到後第一個聯想到什麼？一個朋友說：「應該是在等待一個心已經離開的愛人吧？明明知道對方不會赴約，但還是等到酒吧打烊了才離開！」

另一個同事則說：「她想到的是失意買醉的人，無處可去無家可回的等酒吧打烊後再看要漂泊到何處去！

還在讀書的大學生則是很直接的回答說：「這不是廢話嗎？既然酒吧都已經打烊了，不離開難道要賴著不走嗎？」

另一個學生更有趣的說：「他其實可以去網咖，那就沒有打烊的問題了！」

這是一句勵志語錄裡非常喜歡引用的話，而我一直很喜歡這句堪玩味的箴言，原因是它不是用很硬很絕對的口吻來訴說什麼道理，而且若是光看字面的意思，似乎會有些疑惑的想知道究竟表達的是什麼？而且，在不同的年齡、際遇與心境下對它就會有深淺不同的感受！

這是英國首相邱吉爾在二次戰後參選首相落選的名言，當時的歷史背景是，邱吉爾帶領英國與盟軍抵抗德國勢如破竹的侵略，終於反敗為勝改寫了歷史。但對於這位帶領國家走過艱困歲月的領袖，英國選民並不領情，在戰後首次的大選裡，他代表的保守黨被選民淘汰，而是由工黨領袖克萊門特艾德禮當選為新首相。

面對如此不堪的重大挫折，他坦然的接受事實並說了：「酒吧打烊了，我就離開！」的這句話，並引述普魯塔克說過的一句名言：「對偉大的領袖無情，乃是一個強大民族的特徵！」

邱吉爾把勝利的果實獻給拋棄他的全國選民，留下了一個美麗的背影！

也許有人會說：「漂亮的話誰都會說，但真的做得到嗎？」

邱吉爾當時的內心是怎麼想的我們不得而知，也許當時他也覺得很不甘、有埋怨，我覺得這是很正常的，但至少能夠在最短的時間內理出一條思緒，也許無法全然的做到，但至少是朝著正面的方向去努力，就像勵志書談的道理一樣，其實人人都知道，但要做到就是很難！但重點不是我們從哪裡來，而是要去那裡，朝哪個方向去！

而與「酒吧打烊了，我就離開！」有著異曲同工意境的，就是麥克阿瑟將軍所說的：「老兵不死，只是逐漸凋零！」

這句話的背景是發生在韓戰時期，聯合國軍隊利用大膽的戰術擊潰北韓，麥克阿瑟向聯合國表達可藉此良機統一韓國，但此時中共向美國警告將介入韓戰，麥克阿瑟認為這是一個全面性的新戰爭，建議將戰場推進到中國大陸，不料杜魯門總統擔心戰事擴大而否決此提議。

但麥帥這次的解職過程竟是由非官方的管道才得知，這對於歷經過兩次大戰的將軍是何等的情何以堪！在被解除職務後的一次演說中，他引用了一首早年流行的軍歌歌詞來當作自己走下歷史舞台的謝幕語，意思是肉體雖會凋零，但那份精神卻是永遠存在的！

還有一個比喻是說我們每個人在生命的戰場裡就像一個戰士，戰士沒有選擇戰場的權利，只能在被賦予的戰場裡奮力一搏，但不管戰勝戰敗，下一個戰場馬上就緊接而來，所以不管是驕傲或是氣餒其實都沒有太大的意義！

**打烊也好、凋零也罷，它都代表著一個階段的人生角色必須落幕，既然落幕了當然就得離開，但是身體離開了，心真的能夠跟著離開嗎？還是仍然停留在那個浴血未酬的戰場呢？**

很有可能你會覺得這兩段話似乎是帶著些落寞與滄桑的無奈，但我卻覺得正是這份時不我與的豁達才讓這句話變得這麼有味道。

有一本暢銷書的書名取的好，叫做《人生就像茶葉蛋，有裂痕才能入味！》沒錯，若是不曾真真切切的遭受過無常的失敗，那麼就難以體會從裂痕裡滲入的超然灑脫！這是一種過盡千帆後的大徹大悟，更是領略了峰迴路轉後的身心空靈，能夠以不以物喜、不以己悲的順其自然態度，愉快的接受並不去渴求盡了力卻無法控制的人事物！

這樣的頓悟看似消極孤獨，但卻蘊含著無窮的再生能量，能夠把自在與膽識當成動力，不去執戀被關上的那扇窗，反而因此可以泰然悠悠的向前尋找另一道開啟的門！

離開的本身就是一股力量、一份信念、一種精神！既然打烊了，那就滿懷感激、優雅微笑的離開吧！

## 再糟也要豁達

談歷史人物也許太過遙遠，但就在你我現實生活的周遭，我們很容易因為不順遂而變得全身是刺，任何人無心的一句話都覺得是意有所指，折磨別人更折磨自己。

不管那個失敗的戰場有多不堪、多不甘，豁達的離開它吧！

# 衍伸閱讀 散文式短篇小説——「療心二重唱」的前傳

天堂與地獄，真的只有一線之隔！

如果不勇敢的踏出面對錯誤的那一步，難道要一輩子不能抬頭挺胸，永遠的活在遮遮掩掩的愧疚裡嗎？

光榮會過去，恥辱會過去，輝煌會過去，當然煎熬也一定會過去，也就是說，一切機遇會來，一切風波會走，重要的是在每個當下裡豁達的面向未來，朝著陽光的方向走去……

## ‧眼前的一切，很想逃避的卻必須活生生的面對！

走過如此激烈的跌宕起伏，到了今天，真的越來越能夠體會什麼叫做「再糟也要豁達」、「再好也要淡泊」的人生智慧！因為好也罷，糟也好，都曾經在我的人生裡留下難以忘懷的記憶，深深咀嚼過後，方能知道這些獨特的味道帶給我的生命滋味！

回想起來，那真的是一個糟透了的時刻。因為那是一個太強烈的對比，前一刻還在天堂裡飄飄欲仙，後一刻竟然就墮入地獄裡，原本屬於我們的榮耀、驕傲與掌聲，好像已經是前世的事，但殘酷的是，眼前的一切，很想逃避的卻必須活生生的面對！

在分局裡的偵訊室裡，我好像才真的清醒了過來！

我們被隔離偵訊，不過芊蓓在第一時間就說車是她開的，這是我們到案前就套好的劇本，雖然說患難見真情，她因為愛我而要向全天下撒謊，而我竟還很自私的默許了這件事，想說也許可以擁有僥倖，真的，現在想起那個時候的我真是有夠自私的！

員警對我們做酒測，全都超過標準值，就是所謂的酒醉駕車肇事，更糟的是，受害者昏迷不醒，因此芊蓓被依公共危險罪依法函送，而且因為我們是公眾人物，加上還有疑點尚未釐清，所以芊蓓以兩百萬交保！

兩百萬對我們來說真的不算什麼，被我撞掉的跑車就超過一千多萬，但我卻第一次的意識到區區兩百萬的沉重與不捨。

更讓輿論譁然的是，車禍後警察前來處理的時候，我的惡形惡狀！

說真的，大概是因為酒精加上自以為大明星有多了不起的自我感覺良好，我竟然對警察與醫護人員咆哮：

「你們知道我是誰嗎！我賺的錢你們大概十輩子加起來也賺不了！」

「告訴你們，我有的是錢可以擺平，不過是撞了幾台車而已，你們這是幹什麼！」

「我的歌迷、影迷很多，連總統都怕我，到時候你們都會被關起來，我告訴你們，走著瞧！」

然後我還對警察動粗！

這些關於我的囂張行徑全部都被監視器與行車紀錄器拍了下來，成了鐵證如山的證據，並在媒體上反覆的播放。只是，我的記憶真的非常的模糊。

經紀公司發現事情越滾越嚴重，於是要我們進行危機處理，去探望傷者與家屬、上警察局跟被毆的警察道歉、開記者會抱頭痛哭說很後悔……來看看能不能引發同情等等。

不過，台灣畢竟是個民主法治的國家，不是花點錢買通司法跟媒體就能擺平的；所以風波並沒有因為這些表態而平息。

我們不但成了眾矢之的，而且很多人開始對我們落井下石，很多我以為是朋友的記者、名嘴上節目爆料說我們有多揮金如土，過著奢華淫亂的生活，成功來的太快、太年輕，甚至很可能有嗑藥！

但最直接最現實的痛苦是，我們的演唱會、唱片、主持的節目、代言的廣告、拍到一半的偶像劇、電影全都暫停或是停播下架了，也就是說，我們處於失業的狀態，一毛的收入都沒有了，那些豪宅、名車、名牌一夕之間都成了最極端的諷刺！

### ・天堂與地獄，真的只有一線之隔！

我們是萬眾矚目、萬人空巷的青春偶像不是嗎！
在肇事前的幾個小時，我們才在巨蛋辦了非常成功的演唱會，現場座無虛席，最貴的票還喊到一張八千！
你們能想像嗎？幾萬人買票看我們表演，台下的歌迷影迷如癡如醉的揮舞著螢光棒，合著我們的歌，高舉著「芊蓓與洛維我們永遠愛你們」的支持海報，那是一種被捧上天的感覺，一種天之驕子的無上榮耀，世界就踩在我們的腳下，我們就是世界之王，世界是因我們而存在的！
安可！安可！欲罷不能！
現在想起來真的好像夢一場！天堂與地獄，真的只有一線之隔。
原本經紀公司說，只要過一段時間，新聞的焦點被轉移了之後，就不會那麼難熬了。可是最糟的狀況還是發生了，幾個禮拜之後，那個個昏迷不醒的孩子，走了！於是漸漸冷掉的新聞熱度又回溫的燒了起來，我們又是在經紀公司的指示之下，又是下跪、道歉、上香出殯被拒的……千夫所指，萬人唾棄，真的就是所謂的從偶像變成嘔吐的對象！
好無助、好沮喪、好黑暗，真的好糟！

我是誰？我是洛維不是嗎？我們是萬人矚目的洛維與芊蓓不是嗎？我的人生不應該是這樣的，不對！不對！不對！弄錯了！弄錯了！

因為那個孩子的離開，芊蓓在法律上所要遭受的懲罰又加重了，但相較於我的不安、惶恐與怨天尤人，她卻顯得是那麼的鎮定，還時常安慰著我！

問題是，開車的是我，孩子是我撞死的，不管在法律上還是道德上，那是我該負的責任，而芊蓓因為愛我而幫我頂了下來，竟然還能這麼無悔泰然，這不禁讓自私自利的我起了反省之心。

事發後幾乎必須依賴安眠藥與抗憂鬱的鎮定劑才能入睡。還記得在一個失眠的夜裡，我又是菸又是酒的在豪宅的陽台上睡不著的嘆息著，芊蓓看到了之後溫柔的把身子靠著我，然後輕撫著頭說：「沒關係啦，至少我們還在一起啊，事情總會過去的！而且不管怎麼樣，你一定會比我先出來，那你一定要等我喔！」

她用深情的眼睛凝視著，我能從她的眼眸裡看到滿滿的愛，不害怕外頭的千夫所指，不害怕即將面臨失去自由的囚犯生活，一切只因為愛！

「你放心，到時候我們可以像學生時代的時候一樣去餐廳駐唱表演，或是當街頭藝人都可以啊，也許坐牢的時候會分開一陣子，你先出來的話要常來看我，而且一定要天天寫信給我喔！」芊蓓深情的說著。

我是真的是一個不折不扣的孬種，要一個愛我的女人替我背負我自己犯下的錯，犧牲她寶貴的青春！於是我反覆的思考著這件事，覺得無比的汗顏，原來只會在嘴巴裡、身體上說什麼愛對方，其實我對她的愛根本遠不及她愛我的一半多，面對一個這麼愛我的人，如果還不懂的清醒的面對自己犯下的錯誤，那大概很快就會下十八層地獄吧！

**．逝去的生命不能復生，但活著的人，必須走向陽光的路！**

這真的不是一個容易的決定，但自私的我終於意識到，如果不勇敢的踏出面對錯誤的那一步，難道要一輩子不能抬頭挺胸，永遠的活在遮遮掩掩的愧疚裡嗎？

「我愛妳」，這次是很篤定而且深情的對著芊蓓說，而且告訴她我要鼓起勇氣的對這件事負責。

於是我們向檢察官與律師一五一十的說了實話，真誠的向孩子的父母親道歉，我們不再理會經紀公司的算計，要的不是危機處理、媒體效益與法律攻防，而是全然的、坦白的來面對這件事！

也許是由內而外的一股氣息真的被某些人感覺到了，那股真誠真的是感染到一些人，某些輿論漸漸的給了我們肯定！我們不是為了博取同情，而是真的希望對傷害有所彌補，因為畢竟逝去的生命不能復生，但活著的人，必須走向陽光的路。

很奇妙的，**開始真誠的面對、嚴肅的懺悔之後，自己的心境竟然漸漸的變得樂觀了起來，我覺得所謂的停損點大概就是這個意思，雖然處境很糟，但有一種真正覺醒後的深層豁達，能夠無懼的面對應受的懲罰！**

大明星變成階下囚，這是何等戲劇化的話題。一審我被判有期徒刑六年，附帶民事賠償八百萬，芊蓓則因偽證罪被判一年八個月。法官是因為感受到我們的犯後態度良好，不然以我們的情形這樣的判決算是輕的。而且，我們放棄了上訴的機會，希望能夠盡快的發監服刑！

在監獄的日子裡，雖然在身體上失去了自由，但多出了很多反省沉思的時間，反省起那段紅透半邊天的時候所過的奢靡歲月，再對照現在的自己，才發現那時候的我根本就沒有用心的珍惜過身旁簡單樸實的人、事、物，只是醉心於虛幻的掌聲與華麗的物質遊戲裡！

而現在，我靜下心來閱讀，而且開始接受信仰的洗禮，但不是很狹隘的那種只是膜拜、念經、上教堂這類形式化的功夫，而是認真的去體會一些經文、聖經、中西方的經典教義，真的去理解其中的涵義。過去總覺得是失敗者、瑕疵者、被棄者才會去接觸宗教，我那麼成功的人，神明都要讓我三分，很狂妄、很自以為是的，而如今，信仰的力量讓我擁有了「再糟也要豁達」的生命感悟！

## ‧簡單裡的平凡、平淡裡的回甘

再來一個我每天最重要的工作，就是書寫。每天固定會寫一封信給芊蓓，向她訴說我的思念。當然，不可能每封信都文情並茂，但都是心底最赤誠的情感，有時豁達、有時感傷、有時樂觀、有時沮喪，時常就是追憶著過往一起走過的歲月，一起玩音樂、彈唱填詞譜曲的單純快樂，或是幻想著出獄後還能一起去看日出雲海、同吃一枝冰淇淋、一碗蚵仔麵線的甜蜜，想的、憶的都是簡單裡的平凡、平淡裡的回甘！

當然，我也試著寫給孩子的父母親，雖然我知道在喪子悲傷中的他們應該是連看都不會看的，很可能一收到就把信撕個稀巴爛，但我不管這些、不顧回應，而是在反覆思量的反省裡得到了放鬆身心的救贖。

想起來真的很奇妙，信仰、閱讀與書寫讓我能夠深層靜謐的思考，**真正的碰觸直探傷感的地方，然後全心的進入它之後，反而得到了暢達的釋放，安頓了心靈、終結了壓力！**

就這樣，我因為在獄中表現良好，提前在第五年就獲得了假釋，在有前提的情形下恢復了自由。

然而，重獲自由才是艱鉅考驗的開始。因為有了抹滅不掉的前科，那是一個烙在身上的汙點印記，再加上我們曾經是公眾人物，雖然已經過了那麼多年，但人總是會以過去的紀錄來衡量現在的當下，因此四處碰壁了好一陣子，後來終於有一家鋼琴酒吧願意僱用我們，雖然酬勞真的很微薄，但我們還是很高興，畢竟是個起步。

只是大概是因為大環境的景氣太差，才駐唱了一個多月，酒吧就毫無預警的關了門，原本以為會是個好的開始的工作落了空，該得的酬勞也沒拿到！

當時真的是有些失落的，但芊蓓跟我都告訴自己，這不過是路上的小小挫折，沒什麼的，而且老闆說不定是有什麼苦衷才會這樣吧！

後來我們再接再厲的四處去申請街頭藝人的執照，捷運站、地下街、淡水老街、漁人碼頭、三峽、大溪……，還好在這方面沒有受到太多的刁難，一一的都依照行政程序的核准了下來！

當街頭藝人最困難的其實是心理的調適，過去當紅的時候，歌迷影迷把你當成偶像來捧，當作神來崇拜，但現在，一樣是唱歌，感覺上像是等待著行色匆匆的過客，乞憐的給予一份短暫的停佇，時常在天氣不好的時候，淒涼到只有幾隻流浪狗趴在一邊打著哈欠，一整天下來打賞箱裡加起來還不到二百塊！

每當灰心的時候，我就會想起在獄中一位牧師在課程裡所談的：沒錯，現在對大家來說是最糟最難熬的時刻，但卻也是淬鍊出豁達心境的最好時刻！可以好好的省思看看為什麼會來到這裡，可能是因果、可能是是輪迴，但是不管如何，一定要認清生命的真相，那就是光榮會過去，恥辱會過去，輝煌會過去，當然煎熬也一定會過去，也就是說，一切機遇會來，一切風波會走，重要的是在每個當下裡豁達的面向未來，朝著陽光的方向走去。

所以囉，再糟至少芊蓓還在我的身邊、至少已經為犯過的錯付出了代價、至少現在的身心是自由的、至少還可以成為街頭藝人、至少一天還有一百多塊的收入、至少……於是，我們相依偎在一起，然後盡在不言中的什麼也不必說，就是抬頭仰望天空，感受著無聲勝有聲的親暱時刻！

**說來也很有趣，只要肯堅持、只要豁達的不怨天尤人，機會就慢慢的展了開來！**從原本的小貓兩三隻，然後慢慢的在下班的時間人潮越聚越多，也漸漸的累積了一些會固定來捧場的朋友，他們定時駐足的停下來，面露陶醉的聽著我們的演唱，然後默默的給我們打賞鼓勵！更讓我們覺得感心的是，有少數的人認出了我們的過往，他們會等到整個演唱結束後，才靠過來的與我們攀談，大家都說我們的面容有了很大的轉變，就連唱腔、風格都不同於以往，總之就是多了一份祥和、穩健的深厚感，一種沉澱後的悟然，而且從言談間能夠感受到是發自內心的肯定，沒有絲毫虛矯的恭維，我想相由心生大概就是這個道理吧！

### ・踏實的誠、豁達的真，還裝載了滿滿的意志

有一天，意外的接到了慶揚的電話，他說想約我們見個面聊一聊！

慶揚與詠茵是過世孩子的父母親。自從上次在法院相見之後，一晃眼，又是這麼多年過去了，他們真的蒼老憔悴了許多，但眼神與面容卻能感受到不同以往的平靜與釋然！

一開始我跟芊蓓還很忐忑的在猜孩子的父母親到底要跟我們說什麼呢？沒想到孩子的母親一開口面　笑容的說：「你們現在唱的比以前要好聽的多了！」

我跟芊蓓先是驚訝的交換了眼神，然後芊蓓問：「伯母、伯父，您…怎麼…在哪聽到的呢？」

「我們都是挑假日人多的時候，混在人群裡啦！我在想如果你們認出我來，大概也很難再唱下去吧！不管怎麼樣，恭喜你們，勇敢的再站了起來！」孩子的母親說。

我跟芊蓓聽到從孩子的父親口中說出的這段話後，有些不知所措的不知道該怎麼回應，但是心底湧起了滿滿的溫暖。

「其實……洛維你寫給我們的信我都有收到，而且都有打開來看。不過不瞞你們說，一開始的前十封吧，我快快的翻開後就很生氣的把它撕了，詠茵還罵我說，那種人寫信來幹嘛，浪費我們的眼力……然後你還是一直寄來，慢慢的有幾封我就趁老婆不在的時候偷偷的打開把它看完，一字一句間可以感受到你發自心底的誠意，漸漸的也就不那麼生氣了！還有幾封信我還把它帶到孩子那唸給他聽，希望他可以幫忙爸爸媽媽走出這段悲傷的陰影！」慶揚說。

「後來他還把你的信拿了幾封給我看，一開始我還很生氣的跟他大吵了一架，沒錯，那時候我是靠恨你們來支撐我的悲傷，也許是潛意識裡害怕一旦哀傷淡去了就是一種背叛，所以選擇把自己的心禁錮起來……就這樣，過了好多個年頭！」孩子的母親說：「現在想起來，那段日子真的是苦了孩子的爸爸，是我自己不願意走出來的，所以成天怨東怨西的就像刺蝟一樣，一次吵到我奪門而出後，就不由自主的就來到了孩子那兒，這才發現到你們留下的鮮花，還有…你寫給孩子的信，還有慶揚帶過來的信，就在那個時候，大概是受到孩子的牽引吧，我才靜下來的把武裝卸了下來，用心的讀你的信！」

「就這樣慢慢的，一點一滴的，我覺得自己好多了，不再那麼的歇斯底里，也不再那麼依賴抗憂鬱的藥！更巧的是，有一天我們到漁人碼頭散心，遠遠的就聽到悠揚的旋律跟歌曲，於是就在觀海的長堤上邊聽邊看著夕陽。」

慶揚接著說：「那時只知道演唱者周邊圍了很多人，一直到後來看到旅遊 DM 的照片才認出原來那是你們，也才知道了你們街頭藝人的生涯。

看到你們的消息後後我慢慢的反省自己是不是該振作起來了，我想孩子一定也希望爸爸媽媽能夠振作起來！是你們的真心誠意還有豁達裡的意志給了我們新的方向還有勇氣！」

聽到這，我的內心真是五味雜陳，沒有什麼能比被他們原諒來的高興，好像飛到了天堂一樣，而且這次的天堂不同於以往，是百分之百的真實，是踏實的誠、豁達的真！

而且他們夫妻倆也決定重拾過往的專業，經營一家具備療癒氣氛的主題餐廳，並希望我們能在此駐唱，我們也很欣然的答應了！

我們同意以最低的酬勞駐唱，因為金錢酬勞已經不是重點，而是懷著一顆感恩的心，感恩著能夠重回天堂的生活，更感激「豁達」這個朋友所給予的陪伴與帶來的力量。

然後，「療心二重唱」、「神奇的療心餐廳」與具備療癒魔力的「療心時間」就這麼的孕育成長了起來……

# PART5 再痛也要放下

最難放下的，其實是自己，
原始的傷害就只能傷我們一次，
但是因為執著、因為眷戀、因為不甘心，
於是，我們傷了自己上百次、上千次了還不願罷手！
只有放不下的心，沒有丟不掉的痛，
放過自己、拋下它們吧！
一旦決定這麼開始了，
任何充滿希望的可能都不令人意外！

# 1 假面的堅強

唯有我們動手扯下故作堅強的假面，勇敢的推翻心靈深處囚禁自己的窮兵黷武，不去想著一定要操控什麼，如此才有可能找到屬於自己的自在與平安。

越是不敢面對軟弱，那份堅強就越是空洞！

從小，父母親一定教我們：「不可以哭，要堅強，哭就是弱者，要當強者才會有出息！」

沒錯，面對孩子的依賴，灌輸「必須學會堅強」的意念是讓孩子學會獨立成熟的妙方，而且這個方式通常非常有效，尤其是對男孩子而言，只要跟他說：「再哭媽媽就讓你穿裙子」，一般都會收到不錯的效果。

而隨著孩子慢慢長大，在社會化的過程中，這股堅強的精神內化到心靈，成為了理所當然的人生價值，左右著我們面對橫逆的生命態度。

聊一個現象。這些年隨著兩岸和緩，已經有好些年國慶日沒有所謂的閱兵大典了，如果您曾經經歷過那種感覺，再回過頭來想想當時的心情，然後問問自己，為什麼一堆坦克、裝甲車、飛彈、踢正步這種軍容壯勝的景象會讓我們看的血脈噴張，精神為之鼓舞呢？

為什麼男生小時候總是喜歡無敵鐵金剛、超合金機器人這類的玩具呢？沒錯，因為它們都是強者的具體象徵，堅硬、剛強、無堅不摧，當他們聚集起來展示實力的時候，就能夠成為振奮人心的力量。

不過，隨著民智啟蒙，民主深化後我們才驚然發現，原來最喜歡搞閱兵這一套窮兵黷武像是現在的北韓、過去的伊拉克等，它們都是思想遭到禁錮的極權國家！為什麼極權國家要這麼做呢？其實答案很困難也很簡單，那就是必須藉由假裝堅強來掩飾內部的矛盾，只要對外升高對立，就能夠減緩去面對自己本身真正的問題，所以當北韓發生糧荒問題的時候，它就必須擴大軍演向亞洲國家挑釁就是這個道理。

看到這，也許有些讀者會覺得怎麼從教孩子講到北韓問題，會不會扯太遠了！其實我要談的是，堅強當然是必要的，但很可能在成長過程裡所受的訓練讓我們已經不自覺的失去面對軟弱的能力，於是我們掩飾自己的軟弱，甚至不屑的輕視它，並崇拜欣賞各種象徵力量的人事物，汲營地想讓自己獲得更多的權力與力量。

但事實卻是，越是不敢面對軟弱，那份堅強就越是空洞！於是，我們必須把自己弄得很忙，忙著讓自己看起來很堅強而可以迴避真正的自己，藉由炫燿消費的能力來證明自己不是弱者，強烈需要外在的光纖亮麗來遮掩任何心底的悲傷與憤怒，吃不完的飯局、唱不完的 KTV、打不完的小白球，每場交際都是一場場賣力演出的舞台劇，只是演完了後卻對扮演的角色更加疑惑！

不過很容易說服自己那不是重點，因為外象的真實比真正的自己重要的多！只是，有的時候還是會弧疑的打了好多個問號，因為不管緊緊抓住了多少，但越是堅強卻越是恐懼、更加空虛、越是靜不下來，因此一有時間就得低頭上臉書、每去一個地方就不能不打卡、趕快去追最新最夯的 3C 產品、車子、名牌……如此像陀螺般轉不完的循環，真的不知道該怎麼停下來？

古諺云：「人之生也柔弱，其死也堅強；萬物草木之生也柔弱，其死也枯槁。」意思是，嬰兒呱呱落地出生的時候，雖然是最柔弱最需要保護的，但卻是最有生命力的時刻；小草也是如此，初生之時的嫩草柔軟無比，但枯萎時卻是僵硬的模樣。也就是說，看起來柔弱的，其實生命力最強，所以小草能夠突破堅硬的土石而萌芽出來，同樣的，拚命的表達自己強大不摧的，其實正在邁向衰敗。

因此，我們可以從大地萬物的法則裡，恍然發現到真正的力量原來必須在軟弱裡才能醞釀成。唯有我們動手扯下故作堅強的假面，接受了藏於心中的軟弱，勇敢的推翻心靈深處囚禁自己的窮兵黷武，柔軟的承認自我的有限，不去想著一定要操控得到什麼，那麼自由就會慢慢的萌芽，也才能找到真正的自在與平安。

年輕的時候，只要有朋友被分手，我們幾乎都會這樣安慰：「最好的報復就是成功，以後讓他後悔的回來求你」，並且不斷的告訴自己：「我一點也不難過、我一定要過得比他好」。

這樣的療傷方式當然不能說不對，也許可以在最快的時間內復元，但卻很可能只是在表面上的不去觸及那份最深處的悲傷，而披上藉由硬碰硬的所產生的堅強！

但若是真的想要治本的話，那就必須先承認自己好難過好難過的事實，不必一直要假裝過得很好，根本沒被傷到什麼，這當然不是要自己一直的自怨自艾怨天尤人，而是完全的進入自己的悲傷，不去否認、不去抗拒、不去排斥，漸漸的我們就會發現，只要敢承認，就會得到一股由內而外的動力，而不是被不甘心的盔甲所囚。

## 再痛也要放下

不下降，就不可能再起飛；敢下降，就會看見心的視野！軟弱，真的是最堅強的力量！也許乍聽之下會覺得互相矛盾，但如果你真的能夠領略出箇中涵義的話，慢慢的就可以從中獲得前所未有的能量！

PART 05　再痛也要放下

## 2 Ending note

那些爭的你死我活的、放不下遺憾的，都因為死亡擺在前面而變得一點也不重要了，因為不管你要不要放下都要死去，那死抱著痛苦要做什麼呢？

活在當下說的簡單，但如果生命在往後的十、二十年後還要持續的話，我們就很難從未來的擔憂中擺脫。也許真的必須等到生命抵達盡頭時，我們才會意識到自己究竟錯過了什麼，最後悔什麼？

如果得知只能活到明天，我們會在僅剩的二十四小時裡做些什麼？

如果世界末日的預言成真，我們原本計劃的人生目標會不會有所不同？

如果一九一二年我們在即將沉沒的鐵達尼號上，剩下來的那兩個小時，該怎麼面對呢？

這幾道生死學的問題如果要說它是老梗還真的是老到不行，但死亡是總有一天等到你的客觀事實，就看我們願不願意靜下心來的思考看看！

有一篇名為《Nurse reveals the top5 regres people makeon theirdeath bed》的文章在網路上頻頻被轉貼，其原文是1名叫Bronnie Ware的護士寫的。她專門照顧那些臨終病人，所以有機會聽到他們在臨終前說出他們一生裡最後悔的事。她做了一個總結，有五件事是大多數人最後悔的：

1 我希望當初我有勇氣過自己真正想要的生活，而不是別人希望我過的生活。

2 我希望當初我沒有花這麼多精力在工作上。

3 我希望當初我能有勇氣表達我的感受。

4 我希望當初我能和朋友保持聯繫。

5 我希望當初我能讓自己活過開心點。

我們不大可能有很多機會時常面對別人的死亡，更難以聽到很多臨終前的人告訴你他最後悔的事是什麼。而即便你聽到，又會覺得自己來日方長。因此就有網友留言說，如果這些臨終的人最後奇蹟降臨又活了過來，還能夠努力的去彌補這五項最後悔的事？還是同樣又會替未來擔憂而追求跟過去一樣的事情呢？

有一部好萊塢式的浪漫愛情片《如果能再愛一次》，它的劇情很簡單，是描述一對年輕情侶，男女主角在一次激烈的爭吵後，女主角珊曼莎不幸發生意外而過世，從那一刻開始，男主角伊安才體認到珊曼莎在他生命中的重要性，也就是所謂的當失去了才開始懂得珍惜，只是一切都已經太晚了。

但難道是奇蹟出現嗎？某天一早醒來珊曼莎卻仍然好好的活在他的身邊，這究竟是夢還是真呢？他決定先不管這麼多了，也許到了晚上珊曼莎還是無可避免的會離他而去，所以雖然只有不到二十四小時的時間，伊安唯一能做的就是不讓僅有的短暫時間留下遺憾，他把所有的愛傾注於當下的每一刻，彼此度過了生命中最快樂、最幸福的一天。

雖然最後悲傷的宿命仍然注定來臨，但伊安卻努力讓故事的過程有了不一樣的質量。他們擁有的最後一天，也許比其他愛人擁有的一生都還充實，因為知道盡頭即將把彼此分開，因此才能珍惜感恩的活在當下。

其實人是活在未來的動物，我們活著的每一刻大部份都想著未來，等一下要做什麼、明天要怎麼在工作上獲得上司的青睞、要做什麼投資、買什麼保險、婚姻、孩子、退休後的安排等等，**我們把「活在當下」掛在嘴邊，但真正能活在當下又有多少時刻呢？**

因為對於死亡太過陌生，我們就會活在未來中，為自己的未來鋪好一條安全舒適的路！**活在當下說的簡單，但如果生命在往後的十、二十年後還要持續的話，我們就很難從未來的擔憂中擺脫。相反的，如果得知馬上就會死亡，那麼未來才不存在，這樣反而讓一切變得簡單了起來！**

也許真的必須等到生命抵達盡頭時，我們才會意識到自己究竟錯過了什麼，最後悔什麼！

二〇一二年日本最賣座的一部紀錄片《多桑的待辦事項》，導演砂田麻美以鏡頭及旁白記錄了其父親砂田知昭先生，在六十七歲退休後沒多久，便被診斷出胃癌末期，意外的進入人生最後階段。砂田麻美拿起攝影機，跟隨砂田先生日漸虛弱的身影，陪他完成「待辦事項」：受洗成為天主教徒、尋找舉行喪禮的地點、只邀請親人好友、自己設計「告別賀年卡」、把握機會和孫女好好的玩、和家人最後的旅行……

導演以家庭錄影帶的表現方式，引領著觀眾從最平常的瑣碎生活中，自然不刻意的靠近生與死的那條界線。有觀眾在網誌上留下心得，他覺得本片不試圖煽情地勾起我們任何情緒，整部電影如同一個麵包師傅只是盡力地將每天該完成的工作確實執行，雖然平淡無奇，但卻能夠在最柔和的氛圍下看見最寫實的生死狀態。

《多桑的待辦事項》日文片名就是英文的ending note，可以翻譯成「終活筆記」。「終活」是近來在日本逐漸興起的一股風潮，意謂趁身體仍健在時，事先為自己安排好身後事，用正面心態面對死亡。而ending note也可以更白話的說就是寫遺書給自己。

一般我們聽到「遺書」這兩個字總是會有毛骨悚然的感覺，不管是寫的人或是看的人，似乎能夠聯想到的一定是哀悽、無奈與遺憾。然而ending note顛覆了這個傳統的看法，是一種用由「死」見「生」的陽光的心態來面對死亡，在放下的從容裡達到「終活」的境界，反而因此能夠積極的邁向人生的最終站。

其實先前就看過類似終活筆記的概念，也曾經認真的思考過諸如只能活到明天的話該做什麼的生死學問題，但思考歸思考，就是沒有真的坐在書桌前打開電腦一字一句的寫下來，而在看了《多桑的待辦事項》後，我終於付諸實行的給自己做了這個實驗，真的試試看寫遺書給自己是一種什麼感覺。

雖然這只是一種情境模擬，事實上並不是真的即將死去，但透過書寫遺書的過程裡，原本揪於心頭的煩惱，以及無法控制的人、事、物頓時有了另一番豁然開朗的感覺！原來那些爭的你死我活的、放不下遺憾的，都會因為死亡擺在前面而變得一點也不重要了。因為不管你要不要放下都要死去，那死抱著痛苦要做什麼呢？

另一方面，還沒做而值得努力的事就要趕快去做！因為真的沒有很多時間可以揮霍，一晃眼，死亡就會來到我們面前。所以正因為死亡，我們才了解到生命的有限，才知道不能掌握的就丟下吧！認真去做還可以努力的！

這些也許是早就知道的老生常談，但似乎只有在死亡的面前才會變得清晰了起來！

## 再痛也要放下

試著用瀕死的心情來感受生活，寫封遺書給自己吧！這並不是黑暗悲觀的消極思維，而是一種對生命本質的終極體驗。

唯有學會感受死亡，那麼看事情的角度必然會有所不同，也才能真正清醒的活著！

# 3 「痛」是一份莊嚴的禮物

單一味覺都是貧乏的，人生必須是酸甜苦辣、五味雜陳才能擁有豐富。苦是一種莊嚴，是舌根的味覺，也是最後成熟的味蕾，正因為苦最不容易理解，是沉重的，但相對的苦就會是一種穩定的力量。

你怕痛嗎？我想應該沒有人敢斬釘截鐵的回答：「不怕！」

痛，人人都怕，最好是能免則免。傷痛、病痛、心痛、椎心刺痛、痛心疾首、痛苦指數……這些跟痛有關的詞彙，光是用聽的、用看的都覺得難受，何況是親身經歷呢！

甚至有些生死學的論點認為，與死亡本身相比而言，死亡前所遭遇的痛苦，才是真正讓人懼怕的吧！因此近年來醫學在癌症治療上的觀念漸漸有了改變，與其百般痛苦的去延長生命，還不如減緩痛苦寧靜的離開！

因此在百轉千迴、過盡千帆才會發現，其實活著爭個你死我活要做什麼呢？不過是卑微的企盼離開的時候能好走就好了！

回到造物主創造萬物來說，為什麼要讓生物有痛覺神經呢？那其實是了要保護你！痛，的確很難受，但卻是一個重要的保護機制！試想，如果有一種生物得了無痛症，那麼牠等於是不知道什麼情形是危險的，不知道該怎麼保護自己，會完全的不知節制的讓自己曝露在危險中，所以肯定很快就會走上滅種的命運。

肝癌為什麼可怕？醫學上說肝是沒有痛覺神經的，所以當發現的時候通常已經是末期了！

小孩子愛玩火、喜歡碰插頭，還在牙牙學語的孩子，你告訴他那個東西很危險，不要去碰，越是這樣他越想去嘗試，怎麼講都沒有用，一旦真的被電過、被弄傷了就馬上就懂了，下次你只要告訴他那會痛痛喔，他們很自然的就會遠離了！

因此，痛是一個非常重要的生存經驗，更是上蒼造物獻給我們的偉大禮物。當然，進化越完全的動物，痛覺就越會靈敏，像是低等的昆蟲、蚊子，牠們的痛覺就相對的細微，但像是人、狗、馬這些具備靈性的動物痛覺神經就會相當敏銳，因此除了肉體上的痛覺之外，更會遭逢精神上的磨難。

我想，有過豐厚生命經驗的人都會同意，心痛，真的比什麼都難過，那是一種由痛衍伸出來的「苦」。但若是要描述苦是什麼？那還真的頗有難度，畫出來、寫出來、唱出來、訴出來，無論用什麼方法，似乎都很難把它具象化！

所以，不管是生苦、老苦、病苦、死苦、怨憎苦、愛別離苦、求不得苦，各式各樣、形形色色！但不管是哪一種，我想所有曾經從苦裡、痛裡走出來的人都會有一種頓悟，那就是**人生中能夠活得「深刻」、過的「清醒」的時刻，一定是在痛苦中才有可能！**

美學大師蔣勳就曾說過，單一味覺都是貧乏的，人生必須是酸甜苦辣、五味雜陳才能擁有豐富。苦是一種莊嚴，是舌根的味覺，也是最後成熟的味蕾，正因為苦最不容易理解，是沉重的，但相對的苦就會是一種穩定的力量。

為什麼說「少年得志大不幸」、「成功是最糟糕的老師」呢？試想，如果年少就攀到峰頂，享受掌聲，那麼，峰頂的下一步會往什麼方向去呢？有可能永遠待在山頂不下山嗎？愛好登山的人都知道，不管峰頂再美，視野再好，終究是要下山的，你不可能永遠住在山頂上的！

那麼我們就必須真切的認清一個事實，那就是成功是從無數的失敗裡、在痛苦中踏踏實實地一步步累積養分而獲得的，正因為那是谷底，嚐到了苦、體驗到痛之後，才有機會回來跟最真實的本我來對話，那才是一段最踏實的過程！

老子說過：「禍兮，福之所得；福兮，禍知所伏！」

因此，成功反而是最不踏實，更是最危險的時候！

但是，主流的社會價值卻是強調急功近利的，幾歲前要賺第一桶金、怎麼嫁入豪門、怎麼趕快成功、怎麼快快打敗別人變成人上人鳳中鳳，就連偶爾談到要怎麼面對挫折也變得很速食，趕快去求個神、上完幾堂的成長課、買個什麼座或是點個什麼燈等等的，就連面對痛、面對苦都只是要表面上的敷衍，而不願意做心靈面的深層感悟！

一個佛寺裡供俸著一個由花崗岩雕成的精緻雕像，每天都有信徒絡繹不絕的前往膜拜，然而通往這座佛寺的臺階也是採自同一座山的花崗岩所砌成的。

終於有一天，這些臺階很不服氣的對佛像提出抗議說：「我們本是同根生，出生於同一座山的兄弟，為什麼命運差這麼多，我們每天被人踩在腳底下，可是你卻天天受人膜拜，真的是有夠不公平的！」

沒想到佛像淡淡的心平氣和的說：「因為你們只經過四刀就坐上今天的崗位，我可是經過千刀萬剮才能成佛呢！」

的確，痛的感覺很不好受，但卻是成就豐厚人生觀的重要經驗，每一次的創傷，都造就了更堅強的自己！如果那份苦、那個痛是無法避免的，那就勇敢的擁抱它、體驗它吧，並從這當中嚐出屬於自己的獨特味道，那麼真正的圓融與豁達就會常伴我們左右！

## 再痛也要放下

雨果曾說：「堅強的靈魂是苦難所創造出來的。」

苦痛讓我們謙卑，讓我們懂得接納生命裡的打擊，並從中淬鍊出完整且無懼的心智。

當它降臨時，別怕，因為那是一份莊嚴的禮物！

# 4 痛苦會過去，美麗會留下

心甘情願的接受吧！接受事實是克服不幸的第一步。

延續「痛是一段莊嚴的歷程」篇章所談的，究竟什麼是「痛苦」？為什麼會「痛苦」？「痛苦」到底是什麼呢？

看過一個寓言故事是說一個人不小心跌落水裡就快要溺水了，岸邊的人看到他背上背著一塊石頭，於是焦急的大喊：「趕快把背上的石頭丟掉！」而背著石頭的人仍舊載浮載沉的掙扎著，一會兒浮了起來一會兒又沉了下去，於是更多人對著他喊：「趕快，把石頭丟掉！」

眼看那個人即將滅頂，正當大家想辦法找看看有沒有什麼漂浮物可以丟給他的時候，沒想到他對著大家喊：「不行，那是我的石頭，把它丟了我就什麼也沒有了！」

如果只看這個故事的表面，我們一定會說那個掉到水裡的人真是太瞎了，都要沒命了還不肯放下背上的石頭！但在活生生的現實裡，我們很有可能在面對痛苦的時候，寧願把自己沉溺到地獄裡受盡折磨，卻怎麼也不願意把背上的石頭解開！

也許，石頭就代表著纏繞於我們心中的痛苦，能痛多久、要痛多長，就看我們願不願意把它丟棄！

所以關鍵就在於，我們願不願意接受這個痛苦的事實。威廉・詹姆士就曾經說過：「心甘情願的接受吧！接受事實是克服不幸的第一步。」

當我們願意接受，不再抗拒，那麼痛苦就有機會慢慢的成為過去！

也許很多正處於痛苦的人會說：「我的痛苦你們是不可能懂的，要是那麼容易懂就好囉！」我同意也相信真的不容易，因為原本以為是自己的東西，最後竟然在意料之外的就失去了！從擁有到失去已經夠難受了，萬一又把痛苦也丟了，那自己豈不是悲慘到真的一無所有了！

沒錯，我們都害怕「空」的感覺，總覺得手上、心裡、肩上一定要「有」

些什麼東西才會感到安全，但問題是，痛苦的事既然已經發生，它就會一直存在不會改變，唯一能夠在這個當下轉變得就是，我們的心到底要不要讓這個痛過去，還是要一直停留在那個時空事件裡徘徊呢？

「痛苦會過去，美麗會留下！」這就是在痛苦中我們必須告訴自己應該朝這個方向去努力。

痛苦會因為我們願意讓它過去、放下它而變得美麗。也就是說，當我們跨過了痛苦，就就能夠淬鍊出不同以往的視野，進而體悟出圍繞在我們身邊的真善美！

這是一種心境上的超越，就像在天候不佳的時候坐飛機，當起飛的時候外頭風雨交加又伴隨著閃電雷擊，接著飛機衝刺、加速、急升，而在穿越雲層的時候因為氣流的關係會有劇烈的搖晃，過程中會感到有些不舒服，但當爬升到三萬英尺的高空時，頓時陽光露臉、豁然開朗，整個飛行就平穩了起來，此時望向窗外，再對比起飛時的情境，就能夠感受到不同於前一刻天壤之別的美麗境界！

也許，在我們身上所遭遇的痛真的不可能有人能夠了解，但試著每天一點一點的把它放下吧，只要我們願意這麼做，那些空下來的重量就會帶給我們輕盈向前的勇氣與力量！

## 再痛也要放下

知名的繪本作家幾米曾經在三十七歲那年罹患血癌。回想起那段飽受病痛折磨的痛苦時光，他說：生命變化的太快，殘酷且無法預料，但也因此讓他變得感性而敏銳，許多平凡的小事變得很重要，而許多非凡的大事又變得無足輕重。

也正因為生命中會有太多無可預料的意外，所以越過痛苦後的美麗光景才永遠值得期待！

# 5 爲了自己，放過他吧！

放下，才能留下空間讓新的可能出現；放下自己，才有機會穿透人事物的核心，真實的剖析出原本的樣貌，然後輕盈無懼的大步向前！

很多人說，當你開始喜歡回憶過去、緬懷過去，開口閉口都是以前怎樣怎樣的時候，那就表示你已經老了。

曾經我是一個極端「念舊」的人，房間中、抽屜裡堆著一大堆沒有用的東西，像是電影、遊樂園的票根、收據、車票、船票、重考時的講義、聯考的錄取通知、舊書報、錄音帶、學生時代的筆記本、信件……等等，在別人眼裡是垃圾的東西，對我來說卻是比黃金還珍貴的寶物，也難怪母親常說我是個有念舊收藏癖的怪物！

後來在大三那年，家裡因為不可抗拒的因素，房子面臨差點被法拍的命運，因此迫不得已的必須搬家，從那時候起，「捨棄回憶」就成了每次搬家前令我最痛苦的事。第一次搬家時，那是搬離從小陪我長大的房子，一景一物都是回憶，整理了老半天，這個不捨得丟、那個又想留下來，結果忍痛的只把小學之前的東西丟棄一些而已，等到搬到新家時，狹小的新房間仍舊堆滿了母親口中所謂的垃圾。

往後幾年，陸續的又搬了幾次家，與現實不斷妥協的結果，果然是越捨越多。最後一次則是趁著農曆過年前，每個鄰里都有公告一個可以丟棄廢棄物的時間，為了避免整理時的難過，我決定不再去翻動它們，而是直接的將它們徹底的留在過往、送出現在。果然，送走它們的前幾天有些許的惆悵，但隨著時間流逝，那份難過其實沒有想像中的那麼嚴重。

曾經在某家西餐廳裡寫作時，隔壁桌看起來像是貴婦的三個人，七嘴八舌的大聲聊起拿到教會參加禮拜的傳單。

其中一位說：「幹嘛發給我，真是浪費時間！」

「對啊，那些什麼去參加什麼法會的、做禮拜的，不是離婚就是生意失敗，反正就是生活過的不順利的人！」另一位說。

「對啊，我們過得這麼好怎麼可能去參加！」

但是這個話題結束後，他們卻又聊起打胎盤素、玻尿酸的回春療程如何如何的，然後又聊到如何避免老公外遇、如何對付勾引老公狐狸精等諸如此類的話題……

## ．別被反射性的情緒所制約

「放下」這兩個字一直是談心靈療癒一定會出現的兩個字，只不過每個人會因為曾經失去的程度而有體悟上的不同。也就是若不曾真正面對失去的痛楚，那麼談放下很可能就只是個隔靴搔癢的話題而已，就像那幾個貴婦一樣，雖然擁有很多卻還是非常害怕失去！

人的行為時常會被反射性的情緒所制約，就像時常看到很多的行車糾紛，不過是對方按了一聲喇叭然後加速的超車，但這個舉動第一個情緒性的反射就是不爽，叭我幹嘛？還超在我前面？一定要讓他好看，因此看似根本就沒怎樣的事情時常弄到互毆甚至殺人的悲劇！

如果換個心境來面對，不要馬上的對情緒做出反射，先把不爽被擾的心靜下來，幾分鐘後就暴怒的情緒就可以放下了！

當然，人生裡的失去與痛楚不會這麼簡單，但面對的基本原其實是相同的，那就是一定要從「靜」做起。一個人的心要先能靜下來，靜了之後才能安定，安定了後才能夠「觀」！

有一個有趣的寓言說，一位先生非常害怕自己的足跡與影子，因此他死命的奔跑想要避開足跡與影子卻徒勞無功，因為跑的越快影子跟的更近更緊；但如果走到樹蔭下安靜下來，足跡與影子自然就沒了！

佛教裡的禪修打坐也是這個道理，因為當我們的自我中心越強的時候，自我的負擔也會越重，所以要禁語、少思考，用心的體會每一個念頭的起落，不批評不論斷，就是安靜體會就對了！

當心頭漸漸的靜下來後，就會有一種暫時放下自我的輕鬆感，有點像是坐上一輛長途行駛的客運巴士上，剛上車時會開始注意車窗外流逝的景物，隨著里程的增加，車窗外的景物快速的向後退而且簡單了起來，就在這樣的簡單裡把心底的雜念甩了出去……

**・解脫不是放棄，而是接受**

其實世上的萬事萬物都有一定的承載能力，再壯的猛男肩上所能背負的重量仍然是有限的、電腦的硬碟也不可能無止境的儲存，更何況是我們的靈魂！就像過去我的收藏癖好一樣，什麼都想保留紀念，但事實是，保留了一大堆的紀念品，只會讓自己的心更有負擔而已！

一直很喜歡鈴木禪師的一段話：「解脫不是放棄世上的東西，而是接受它們的離去！」其實放下的哲學談的正是這個道理。人不像電腦，一個delete鍵就能刪除記憶，心中的遺憾痛楚當然更不可能說丟下就丟下，但是當我們接受了離去的事實，那就是踏出了放下的第一步！

其實，原始的傷害就只能傷我們一次，但是因為執著、眷戀、不甘心，於是我們自己傷了自己上百次、上千次了還不願罷手，當我們不肯放過傷痛讓它離去的時候，苦的只會是自己！

也許，我們都是凡人，被背叛、被傷害還要原諒對方來個大和解實在是太過矯情，但至少要放過自己吧！也許不必把寬恕當成太過崇高的境界，是因為寬恕對方其實是為了讓自己好過一點！

別跟自己過去，那就放下吧！

## 再痛也要放下

最難放下的，其實是自己

原始的傷害就只能傷我們一次，但是因為執著、因為眷戀、因為不甘心，

於是我們自己傷了自己上百次、上千次了還不願罷手！

放過自己吧！一旦決定這麼開始了，任何充滿希望的可能都不會令人意外！

# 衍伸閱讀 散文式短篇小說——他的告別式

曾經以為永遠都不可能復元的傷痛，就這麼的隨著時間的長河緩緩的沒有了感覺。

經過了這次的旅程，她真的徹悟了什麼叫做放下，因為該是妳的就會是妳的，不該是妳的，怎麼強求都是枉然的！所以只有把纏繞於心頭想緊抓的擁有放下，如此才能輕盈無懼、快活自在的向前走！

## ・因為已經到了盡頭，什麼恨、什麼不甘還有遺憾都該放下的歸零了

舒綺曾以為這輩子不會再見到那個人，但在靜下心來把複雜的心情理出頭緒後，還是決定去見他最後一面，哪怕是要踏上前往加拿大的遙遠路程！只是怎麼都沒想到那個人竟然會比自己早走，難道是因果報應嗎？她知道一切都已經事過境遷了，但是這個想法卻有意無意的盤旋在心中！

葬禮上的照片大概是距離死前最近一次拍的吧！曾經發誓會一起走到生命的盡頭，直到死亡將彼此分開的人，一起組成了家庭而且朝夕相處了許多年，但此刻看到的感覺卻是那樣的陌生，這種感覺真的是複雜到難以形容。

竟然是因為生命的終點才讓彼此有機會再相聚，一路上舒綺一直在想如果見到了他，該用什麼面目、什麼眼神，第一句開口的話該說什麼呢？

如果他好好的還能活很久，那大概也不可能有這一次的重逢，正是因為有死亡這個盡頭，什麼恨、什麼苦、什麼遺憾裡的遺憾，就都該在終點歸零，塵歸塵，土歸土的全都放下了！

## ・聚散終有時

只是，舒綺最後還是沒有見到他最後一面，因為正在趕往加拿大的路程中，致遠就已經離開人世了！真的是聚散終有時，會相聚會離散其實都是上天安排好的！

生命真是如此的脆弱，從發現腫瘤到往生辭世僅短短不到六十天的時間。不過若往好處想，至少該慶幸他並沒有被病痛折磨的太久！

原本一路上擔心見到面那一刻的情境模擬演練也完全的不需要了，永永遠遠的用不著了！

沒有在臨終前見到最後一面，不知道算不算的上是遺憾？舒綺有股直覺覺得致遠是有話想跟自己說的，但比起曾經在生命中因為他所造成的遺憾，那麼這個遺憾似乎好像也沒什麼了！

命運的安排真的是誰也說不準的，曾經憤恨的詛咒致遠下十八層地獄，現在竟然要來送他最後一程！更始料未及的是，過去幸福的一家人，在分崩離析了多年後，如今終於有了一個可以與女兒愷芸自然互動的機會！

因為在舒綺的心靈深處有一股清晰的聲音告訴著自己，不希望就這麼的與愷芸形同陌路，她很清楚的知道這個僵局是自己造成的，但是始終就是沒有勇氣先把道歉的話說出口，就這麼的過了這麼多年……

他的告別式非常的冷清，除了幾個鄰居之外，幾乎沒有任何人前來！

**夫妻關係就是這麼微妙，面對面的時候是最親密重要的人，一旦走到背對背的局面，那就等同於路人的角色了！**都已經離婚那麼多年了，舒綺就只能以朋友的身分出席，不過感覺的出來整個後事都是女兒在幫忙張羅的，但奇怪的是，致遠後來再組成的家庭成員呢？再婚的妻子呢？孩子呢？

怎麼整個告別式籠罩著一種像是沒有親人的獨居老人孤獨死去的那種淒涼氛圍？

終於趁著儀式的空檔時間，舒綺鼓起勇氣的向前想要與愷芸攀談！一直很怕她會給予冷淡的回應，結果還好很自然的彼此正眼的相遇了，沒有尷尬的躲開，然後互相淺淺的有了一抹微笑。

「還在忙嗎？」舒綺開了口。

「現在還好，有一段空檔時間！」愷芸回答。

「沒想到還是晚了一步……」

兩個人若有所思的看著彼此。

「我原本也以為來的及見他最後一面的！」舒綺說。

「是啊，他在臨終的前兩個禮拜拿給我一封信要寄給妳，結果沒有想到會這麼快，很多事真的跟我們預料的都不一樣……」

女兒說大概二個月前吧，一個夜裡意外的接到了父親的越洋電話，聲音聽起來很虛弱、很茫然且夾雜著說不出的恐懼，這才得知原來他已經來日無多，檢查出來的時候已經是肝癌第三期了！

他說是因為沒剩多少時間了，才敢鼓起勇氣跟她聯絡，雖然沒有明說希望見女兒最後一面，但女兒總是比較細膩敏感，能夠感受到那股求救的訊號，於是她沒有問太多的就買了機票飛往加拿大……

從沒有想過生命能夠消逝的如此之快，那個曾經背叛自己與媽媽的惡人，在死亡面前竟然也是這麼的無助，日漸衰弱的生命一點一滴的消逝，就像寒冬裡快速下墜的夕陽，前一刻還在眼前，下一刻就消失在地平線的彼端，想趕緊拿出相機才要對焦已經來不及了，迎接而來的是無盡寒冷的黑夜！

於是兩個人平靜的聊著女兒父親的事，不再咬牙切齒、同仇敵愾，反而有點感激有了這樣一個共通的話題來讓彼此能夠不刻意的交談，但卻又刻意避開爸、媽、女兒這種代表意義的稱呼，畢竟多年的僵局不大可能在一次的談話裡全部化解，但至少是個很好的開始！

舒綺回想起當時接到這封從加拿大寄來的信時，一眼就能認出是前夫的字跡，但難以否認的已經很久沒有碰觸的那一片心靈角落還是複雜的起了漣漪。因為自從十多年前簽字離婚的那一刻起，彼此已經是橋歸橋、路歸路的沒有了聯繫。但也正因為沒有了聯繫，她才能從痛苦的深淵裡一步步的爬了出來！

究竟該不該前去呢？舒綺把這件事與澤澍討論了很多次，也因此有了意見上的爭執！

「妳難道還沒放下嗎？」澤澍問，「既然已經放下，都已經病危了，那去一趟也是人之常情，而且我非常樂意陪妳去！」

「難道你不怕……不會覺得尷尬嗎？」

怕什麼呢？其實舒綺的心非常的矛盾，一方面希望澤澍因為在乎她而不希望自己去，另一方面又希望他能很體貼的想陪自己去，沒想到澤澍一口就答應了，反而又讓她陷入猶豫裡。

澤澍還說：「如果是煩惱會遇見女兒的話，那這次更不應該逃避，都已經八年了，不管是她對我們的事，還是妳過去對她的事，都該藉由這次的機會把纏在心中的結徹底的放下才會有新的局面！」

## ‧再相遇的黃昏之戀緣分的奇蹟

有一段來自張愛玲小說的經典名言：於千萬人遇見你所遇見的人，於千萬年之中，時間的無涯荒野裡，沒有早一步，也沒有晚一步，剛巧趕上了，那也沒有別的話可說，唯有輕輕地問一聲：「噢！你也在這裡嗎？」

澤澍與舒綺算是彼此的初戀，而是如今的他們都已經五十多歲的中年人了，從青春時期無疾而終的初戀，在事隔三十多年後還能有緣再相遇、再相戀，這應該算得上是個緣分的奇蹟！

這是一種相見不恨晚的美麗！再相遇之前，受盡傷痕磨難、遍體鱗傷，就在傷療結疤後，終於遇見了彼此。雖然初戀的滋味無比的香甜，但那是個不對時間，雖然相愛，但是時候未到就是不可能有結果，於是生命之河的流向就此岔開，然後各自都在適合的時候遇到一個剛好的人，這就像走到渡口要過河時，船剛好來了那就上船一樣的自然！

**然後彼此各自的在自己的生命裡經歷了滔天巨浪，嘗盡了滄桑冷暖，而這些苦難的試煉彷彿為的就是一個祝福的等待。**舒綺歷經了前夫的背叛，痛苦的結束了折磨十多年的婚姻；而澤澍則是與妻子是在孩子都大了之後，兩人才驚覺當婚姻生兒育女的階段功能目標達到後，彼此間的感情早已淡到無法朝夕的生活在一起，原本欣賞對方的優點在時間的沖刷下全成了缺點，所以決定分居各自過各自的生活還來的比較快活！

更令澤澍與舒綺覺得可貴的是，因為早在最單純的年輕歲月時就已經認識，雖然在最黃金的歲月裡彼此無緣而分道揚鑣，但是再相遇後，反而不必再浪費時間互相摸索、揣摩心意，每一刻都是不可重來的珍貴。

時常就只是簡單的在陽光露臉午後牽著手在郊區的步道散步著，或是拂著清風騎著單車，也時常藉著重遊舊地來追憶著過往旅程裡的酸甜苦辣，然後吃個簡單但具風味的料理，不必刻意的花大錢營造什麼虛幻的浪漫，而是盡情的享受著簡單就是快樂、快樂就是簡單的淡淡幸福。

不過愛情的苦澀還是會發生在他們身上，原來不管年齡幾歲，歷經過多豐厚的人生閱歷，談起戀愛來還是一樣的會因為佔有與在乎而變得患得患失。

所以就算對這份遲來的感情很有信心，但舒綺對澤澍與妻子間的互動總是有股說不出來的不是滋味。**因為分居後的他們在距離與空間的緩衝下兩人的感情反而還比過去融洽，變成了不錯的朋友，偶爾還會淡淡的關心對方。也正是因為淡，才能調出這般獨特的味道。**

舒綺以女人特有的細膩直覺可以感覺得出來那是一種愛情褪色後的親情，但為什麼分居後卻不簽字離婚呢？很想開口問但好幾次的話都到嘴邊了卻硬是縮了回去，這變成了她與澤澍間想觸及卻又最好不要去碰的邊際線。所以舒綺有時候就會胡思亂想的耍任性鬧脾氣來氣氣澤澍。

倒是澤澍兒女們在得知父親與舒綺的事後，也都以樂觀其成的心情來看待，畢竟是父母的感情出了問題在先，既然緣份另有安排，那該替老爸高興才對。對於父母親後來的這種相處模式，更是感到欣慰，因為雖然沒有了愛情，但還能維持親情與友情也是一件很好的事，與其硬讓父母綁在一起互相折磨，不如敞開心胸放手的讓彼此蛻變成更健康的關係！

### ■為什麼妳要破壞我們的約定？是妳背叛了我們！

但當時反應最激烈的卻是舒綺曾經相依為命的女兒愷芸，每當舒綺晚歸，或是刻意打扮外出時，女兒總會以質問的口吻說：

「穿這麼漂亮跟誰出去？」

「怎麼這麼晚回來，媽妳不知道我在等妳嗎？」

「會不會太誇張了，媽眼裡還有我這個女兒嗎？」

就這樣，彼此的關係越來越惡劣，後來女兒終於對媽媽下了最後通牒，她咬牙切齒的指責著母親的背叛：「妳不是說全天下的男人都是壞蛋？男人只會帶來傷害？為什麼妳破壞這個約定？是妳背叛了我們！都幾歲了還在那邊你儂我儂的，不會害臊不好意思嗎？」

面對女兒這般的指控，舒綺想反駁卻不知道用什麼立場來開口，因為女兒口中的一字一句，都是曾經從她的嘴裡射出來的傷害。

「媽年輕的時候就認識他了……」

「我知道你們是初戀，那昱恆也是我的初戀，那妳為什麼要這樣對待我的初戀，百般的阻撓我們？好，後來我都聽妳的，結果呢？妳還不是背叛了我們。」

就這樣，拉得太緊而不願放手的那條線，終於斷了！

**．真的有可能逃離這樣的痛苦嗎？舒綺曾經絕望的如此懷疑著**

有很長的一段時間，舒綺活在失去的黑暗裡！

她曾經和大部分的女人一樣，把愛情、把婚姻與家庭幾乎當作是生命的全部來燃燒，以為只要傾注心力去灌溉，就一定能夠獲得完美的回報，然後從此過著幸福快樂的日子。

但殘酷的事實就是發生了，原本是用盡方法的求妳嫁給他的那個人，如今卻是急著結束這段關係，那種以為會一直握在手心、永恆擁有的情感，卻這麼硬生生的被扳開奪走！

為什麼是我？為什麼要發生在我身上？如果當初怎麼樣現在也許就不會這樣的負面情緒一直攻佔心頭，每天反覆的沉陷在那樣自殘的情緒裡不願意離開，就在自怨自艾裡苟活著。

舒綺覺得離婚最可怕的是那種痛苦不會馬上殺死妳，而是那個在內心深處執著依戀的支撐點竟然如此不堪一擊的就塌潰了，整個人像墮入黑洞般的往下墜，卻不知道何時能夠著地！

能夠流淚還算是幸福的，真正的痛苦像是灰塵那樣的沒有重量，無聲無息的把自己覆蓋纏繞，然後隔絕在世界之外。

只是，向光似乎是人的生物本能，不會有人想永遠的活在黑暗裡，自甘把自己的心丟到地獄裡不見天日！那麼既然黑暗的深淵是自己栽進去的，就得自己爬出來！

所有周遭關心自己的人都勸她說：「放下吧！」、「只有放下，才能從痛苦裡重生！」

但當時只覺得那是一件太難太難的事，怎麼可能呢？原本是自己的最後卻落的兩手空空的一無所有，這麼悲慘的命運是要怎麼放下呢？

真的有可能逃離這樣的痛苦嗎？舒綺曾經絕望的如此懷疑著？

但是看到身旁替自己擔心的父母、可愛的女兒、真誠關心自己的朋友們，自己何苦再傷害他們呢？

## ‧被需要就是一種最實在的需要

於是她告訴自己，一定要找到一個活下去的信念，而那個信念，正是從痛苦裡淬鍊出來的。也就是在痛苦中的全神貫注給了她信念的力量，帶領著她一步一階的向上走，就像溺水的人必須抓住一個浮板一樣。

雖然前夫對她的傷害難以放下，但卻是萬分感恩他的拋下是那麼的完全，沒有與她爭奪女兒，讓她有了相依為命的奮鬥信念。因為，被需要就是一種最實在的需要，所以舒綺在失婚後的日子裡，幾乎是把當女兒當作生命的全部，全然的享受著被需要的滿足，也從中找回了驅動生命的能量。

只是，握得太緊，就會難以放下！很快的女兒就到了花樣年華的年紀，交男朋友、談戀愛了！這其實是再正常不過的事，女兒終究會長大成人，變成一個完整成熟的個體，有自己的獨立的思想、想做的選擇、想走的路、想體驗的該經歷的事，有自己的命運，過自己的人生。但舒綺卻非常的不是滋味，她總認為那個男的不好，不欣賞，所以反對！

但到底反對什麼呢？不欣賞什麼呢？

舒綺想著茹苦含辛的當個單親媽媽，千辛萬苦的才把她帶得這麼好，如今竟然女兒已經不再依賴自己，失去了被需要的滿足，這才是發自心底不能接受的真正答案！

但越是反對，越是不想放手，那個反作用力就會很自然加倍的彈回來，這讓女兒與男友更緊密的結合在一起！果然男人沒有一個是好東西，舒綺怎麼也想不到從小在她的眼中如此乖巧的女兒竟然來個未婚懷孕，她真的無法想像這是自己辛苦拉拔長大的女兒。

舒綺百般不願意的答應他們奉子成婚，但上天的安排卻總是讓人出乎意料，就在婚禮舉行的前夕，女兒竟然意外的流產了……

**・以為永遠都不可能復元的傷痛，就這麼隨著時間的長河緩緩的沒有了感覺**

在返回台灣的越洋班機上，朝窗外望去，沒有盡頭的海洋，在無垠的天地間移動著，一種寧靜的孤獨感讓舒綺百感交集的細細思量著這趟旅程所帶給自己的意義！

但是如今事過境遷的回想起來，當時以為永遠都不可能復元的傷痛，就這麼的隨著時間的長河緩緩的沒有了感覺。原來傷口真的是會隨著時間遺忘的，只是曾經有多恨就代表有多愛，現在前夫已經靜靜的躺在那，什麼呼天搶地的愛與恨都該從心頭裡放下！

其實她真的很想留下來陪女兒一起把前夫的後事處理完再一起回台灣，好想開口問她結婚了嗎？當媽媽了嗎？形同陌路的這些年過的好嗎？

面對這件事她是愧疚的，是自己的自私與放不下耽誤了女兒，所以此刻的心中多麼希望女兒是幸福的！

但曾經有過裂痕的關係還是感到有些疙瘩，也許心中的芥蒂還是一步一步慢慢的填補會來的比較好，而且本來就沒有決定多逗留，所以來回的機票都已經買好了，不過還是鼓起勇氣主動的向女兒要了在台灣的聯絡方式，女兒也沒有遲疑的留了！

舒綺覺得這會是個好的開始，畢竟彼此還是生活在同一座城市，仰望著同一片星空！

飛機落地後，舒綺的第一個念頭就是有好多話想跟澤澍說，想跟他說聲抱歉，更感謝他的包容，因為自己實在不應該都到這個年紀了，還時常因為澤澍只是與妻子分居而沒有離婚的事在耍任性的脾氣。因為形式化的幸福一點也不重要，重要的是珍惜彼此這段再相遇的緣分。

**經過了這次的旅程，她真的徹悟了什麼叫做放下，因為該是妳的就會是妳的，不該是妳的，怎麼強求都是枉然的！所以唯有把纏繞於心頭想緊抓的擁有放下，如此才能輕盈無懼、快活自在的向前走！**

只是，回到家卻不見澤澍的身影，打手機給他也沒接轉到語音信箱。如果是在以前的話，她肯定會東想西想，然後情緒起伏的奪命連環扣，而此刻她則是心情平靜的去好好洗個熱水澡，試著把所有的情緒沉澱下來，然後舒服的睡上一覺。

隔天早晨，還在睡夢中的她被澤澍的回電吵醒。

「不好意思，昨晚我看到未接來電的時候已經太晚了，怕回電會吵到妳！」

「沒關係！反正現在還是吵到了！」舒綺半開玩笑的。

「經過那麼長途的飛行，妳一定累壞了吧！」澤澍問。

「我還好啦，倒是你聽起來聲音很累，怎麼了嗎？有發生什麼事嗎？」

「……說來話長啦，這幾天我都在醫院……這件事本來很早就想跟妳說，可是一直找不到適當的機會……」

「醫院？你生病了，怎麼都不知道好好照顧自己？」

「不是我生病，其實是……」

到了醫院見到了澤澍，舒綺這才知道了他分居的妻子卉妮如今病危的消息！

原來早在兩年多前，卉妮就被檢查出罹癌，最久也只剩三年多的時間！但畢竟夫妻情義那麼多年，彼此會分居也不是誰背叛了誰，因此澤澍沒辦法在這樣的情形下逼妻子簽字離婚，只是他一直把這樣複雜的心情隱藏起來沒有讓任何人知道。

而此刻舒綺已經能夠完完全全的諒解澤澍，並願意分攤照顧的責任。全然的諒解對方，兩人的心緊緊的相繫在一起，最少的自私、最少的佔有、最多的珍惜還有最悟然的放下！

## ．心中的大石頭終於落了下來，填補上來的是滿滿的感謝

很快的回台已經兩個多禮拜了，舒綺依照女兒所留的電話聯絡卻都沒有回應，反覆試了幾次後，決定親自跑一趟，因為她覺這是在這個當下不做就會後悔的事。

依循著地址找到了女兒的住處，然後按了門鈴，在等待開門的短暫時間裡，心底真的還是有點緊張，想著到底是誰會來開門？開門後該怎麼自然的互動？如果開門是別人的話該怎麼辦呢？還是……這道門根本就不會開，女兒只是逢場做戲的留了假的聯絡方式？還是……難道是發生了什麼事嗎？

幸好並沒有等的太久，亂竄的思緒很快的隨著門的開啟而得到了答案。開門的不是女兒，而是一個男子！

舒綺與男子四目相接的端詳著彼此，很快的就從腦中搜尋出曾經交會過的記憶。就在那一刻，橫於舒綺心中的大石頭終於落了下來，填補上來的是滿滿的感謝。

「伯母，你好！」男子先向舒綺問好。

舒綺恭敬的點個頭回禮然後說：「你好，不好意思，有點冒昧突然來訪，因為前幾天打電話一直沒人接，所以就親自來拜訪！」

「您別這麼說？越洋電話裡愷芸有提到您先回來了，可能是您打來的時候我都剛好不在家！」

舒綺探頭往屋內看，沒有看見愷芸

「愷芸呢？」

「真巧，她的飛機預計晚上十點降落！伯母，您先請進！」

「謝謝你。」

舒綺進到客廳裡坐了下來。

「可以叫你昱恆嗎？」舒綺試探的問。

「當然可以…伯母，這麼多年了，您還記得我名子？」

「……當然了！你剛才說晚上十點的飛機？愷芸怎麼會在加拿大deleady這麼多天呢？發生了什麼事嗎？」

昱恆先是停頓了兩秒，深深的吸了一口氣，心底猶豫著該不該說出口……

「……是因為領養手續辦理起來在程序上還滿麻煩的，所以拖了一陣子。」

「領養手續？」

原來致遠過世後留下了一個跟再婚妻子所生的八歲大孤兒，但一出生後就不幸罹患罕見的脳脊髓病變。他們不堪長期照料的折磨，後來連妻子也得了憂鬱症，三年前失蹤離家後一直沒有回來，直到今天都還生死未卜！

昱恆說他們已經有共識要領養這個孩子，這次是因為工作的關係才沒辦法陪愷芸到加拿大，但愷芸做的任何決定他都會支持。

舒綺邊聽邊沉思著，想著致遠在離開她之後，移民到加拿大，再娶之後的人生竟然最後是這樣的結局！她是應該暗自竊喜的，一個傷自己這麼深的男人，這難道不是因果報應嗎？

**但此刻，因為全都放下了，舒綺反而覺得這些愛與恨是那麼的無足輕重，倒是看著昱恆，聽著他訴說著，眼淚漸漸的不由自主的滑了下來，這是一種歸零後的感激！**

「謝謝你……謝謝你們！」舒綺主動緊握著昱恆的手，「昱恆，這些年來的事真的對不起，是我不對！害你們浪費了這麼多年的時間，害你們愛得那麼痛苦！」

「伯母，別著麼說，也正因為經過了那麼多的困難，所以現在我們才會這麼珍惜彼此！」

「可以讓我看你們的婚紗照嗎？」

舒綺看著婚紗照，卻遍尋不著婚禮上的照片，正想開口問的時候，昱恆似乎已經意識到舒綺的疑問，於是主動的說：「其實我們只有到法院辦理公證與登記，但一直沒有舉行典禮宴客……愷芸是說要體諒我不要花那麼多錢，但是我知道她心底一直希望你們能夠合好，然後親自的在婚禮上給她祝福！雖然她沒有說出口，可是我都能感覺的出來！」

昱恆從抽屜裡拿出幾張愷芸與舒綺過往的合照。

「媽，這幾張照片她一直放在最上層的抽屜，好幾次夜裡我都看到愷芸拿起這幾張照片若有所思的……其實我覺得你們早就原諒對方了，只是放下還是需要很大的勇氣，也許這是個很好的機會！」

聽到從昱恆口中叫出的這聲「媽」，頓時給了舒綺很大的勇氣，**她非常**

**清楚的體悟到人生真的非常有限，還有多少時間要因為放不下而浪費掉呢？**

就是此刻、現在！

於是舒綺再次的緊握昱恆的手說：「希望你不會介意待會兒我們一起去機場接愷芸吧……還有我們的孩子……」

# NOTE

# NOTE

華志文化事業有限公司
HUACHIH CULTURE CO., LTD

116 台北市文山區興隆路 4 段 96 巷 3 弄 6 號 4 樓
E-mail： huachihbook@yahoo.com.tw 電話：(886-2)22341779

# 【華志圖書目錄】

| 書號 | 書名 | 定價 | 書號 | 書名 | 定價 |
|---|---|---|---|---|---|
| | | 健康養生小百科 18K | | | |
| A001 | 圖解特效養生 36 大穴（彩色） | 300 元 | A002 | 圖解快速取穴法（彩色） | 300 元 |
| A003 | 圖解對症手足頭耳按摩（彩色） | 300 元 | A004 | 圖解刮痧拔罐艾灸養生療法(彩) | 300 元 |
| A005 | 一味中藥補養全家（彩色） | 280 元 | A006 | 本草綱目食物養生圖鑑（彩色） | 300 元 |
| A007 | 選對中藥養好身（彩色） | 300 元 | A008 | 餐桌上的抗癌食品（雙色） | 280 元 |
| A009 | 彩色針灸穴位圖鑑（彩色） | 280 元 | A010 | 鼻病與咳喘的中醫快速療法 | 300 元 |
| A011 | 拍拍打打養五臟（雙色） | 300 元 | A012 | 五色食物養五臟（雙色） | 280 元 |
| A013 | 痠痛革命 | 300 元 | A014 | 你不可不知的防癌抗癌 100（雙） | 300 元 |
| A015 | 自我免疫系統是最好的醫院 | 270 元 | A016 | 美魔女氧生術（彩色） | 280 元 |
| | | 心理勵志小百科 18K | | | |
| B001 | 全世界都在用的 80 個關鍵思維 | 280 元 | B002 | 學會寬容 | 280 元 |
| B003 | 用幽默化解沉默 | 280 元 | B004 | 學會包容 | 280 元 |
| B005 | 引爆潛能 | 280 元 | B006 | 學會逆向思考 | 280 元 |
| B007 | 全世界都在用的智慧定律 | 300 元 | B008 | 人生三思 | 270 元 |
| B009 | 陌生開發心理戰 | 270 元 | B010 | 人生三談 | 270 元 |
| B011 | 全世界都在學的逆境智商 | 280 元 | B012 | 引爆成功的資本 | 280 元 |
| B013 | 每個人都要會的幽默學 | 280 元 | B014 | 潛意識的智慧 | 270 元 |
| B015 | 10 天打造超強的成功智慧 | 280 元 | | | |
| | | 諸子百家大講座 18K | | | |
| D001 | 鬼谷子全書 | 280 元 | D002 | 莊子全書 | 280 元 |
| D003 | 道德經全書 | 280 元 | D004 | 論語全書 | 280 元 |
| | | 休閒生活館 25K | | | |
| C101 | 噴飯笑話集 | 169 元 | C102 | 捧腹 1001 夜 | 169 元 |
| | | 生活有機園 25K | | | |
| E001 | 樂在變臉 | 220 元 | E002 | 你淡定了嗎？不是路已走到盡頭，而是該轉彎的時候 | 220 元 |
| E003 | 點亮一盞明燈：圓融人生的 66 個觀念 | 220 元 | E004 | 減壓革命：就算沮喪抓狂，你也可以輕鬆瞬間擊潰 | 200 元 |
| E005 | 低智商的台灣社會 | 250 元 | | | |

| 口袋書系列 64K | | | | | |
|---|---|---|---|---|---|
| C001 | 易占隨身手冊 | 230 元 | C002 | 兩岸用語繁簡體對照表 | 200 元 |

# 【華志電子書目錄（未出紙本書）】

| 書號 | 書名 | 定價 | 書號 | 書名 | 定價 |
|---|---|---|---|---|---|
| 人物館 | | | | | |
| E001 | 影響世界歷史的 100 位帝王 | 300 元 | E002 | 曾國藩成功全集 | 350 元 |
| E003 | 李嘉誠商學全集 | 300 元 | E004 | 時尚名門的品牌傳奇 | 280 元 |
| | | | | | |
| 歷史館 | | | | | |
| E101 | 世界歷史英雄之謎 | 280 元 | E102 | 世界歷史宮廷之謎 | 280 元 |
| E103 | 為將之道 | 280 元 | E104 | 世界歷史上的經典戰役 | 280 元 |
| E105 | 世界歷史戰事傳奇 | 280 元 | E106 | 中國歷史人物的讀心術 | 280 元 |
| E107 | 中國歷史文化祕辛 | 280 元 | E107 | 中國人的另類臉譜 | 280 元 |
| | | | | | |
| 勵志館 | | | | | |
| E201 | 學會選擇學會放棄 | 280 元 | E202 | 性格左右一生 | 280 元 |
| E203 | 心態決定命運 | 280 元 | E204 | 給人生的心靈雞湯 | 280 元 |
| E205 | 博弈論全集 | 350 元 | E206 | 給心靈一份平靜 | 280 元 |
| E207 | 謀略的故事 | 300 元 | E208 | 用思考打造成功 | 260 元 |
| E209 | 高調處世低調做人 | 300 元 | E210 | 小故事大口才 | 260 元 |
| | | | | | |
| 軍事館 | | | | | |
| E301 | 世界歷史兵家必爭之地 | 280 元 | E302 | 戰爭的哲學藝術 | 280 元 |
| E303 | 兵法的哲學藝術 | 280 元 | | | |
| 中華文化館 | | | | | |
| E401 | 中華傳統文化價值觀 | 260 元 | E402 | 人生智慧寶典 | 280 元 |
| E403 | 母慈子孝 | 220 元 | E404 | 家和萬事興 | 260 元 |
| E405 | 找尋中國文化精神 | 260 元 | | | |
| 財經館 | | | | | |
| E501 | 員工的士兵精神 | 250 元 | | | |

# 心理勵志小百科好書推薦

全世界都在用的80個
關鍵思維NT：280

學會寬容
NT：280

用幽默化解沉默
NT：280

學會包容
NT：280

引爆潛能
NT：280

學會逆向思考
NT：280

全世界都在用的智慧
定律 NT：300

人生三思
NT：270

陌生開發心理戰
NT：270

人生三談
NT：270

全世界都在學的逆境
智商NT：280

引爆成功的資本
NT：280

每個人都要會的幽默學
NT：280

潛意識的智慧
NT：270

10天打造超強的成功智慧
NT：280

國家圖書館出版品預行編目資料

豁達：再難也要堅持，再痛也要放下／葉威壯作
.－－初版.－－
新北市：華志文化，2013. 06
面；　公分.－－（生活有機園；6）
ISBN　978-986-5936-44-0（平裝）

1.修身　2.生活指導

192.1　　　　102007603

華志文化事業有限公司
系列／生活有機園 006
書名／豁達：再難也要堅持，再痛也要放下

作者　葉威壯
執行編輯　林雅婷
美術編輯　簡郁庭
封面設計　葉若蒂
文字校對　陳麗鳳
企劃執行　康敏才
總編輯　黃志中
社長　楊凱翔
出版者　華志文化事業有限公司
電子信箱　huachihbook@yahoo.com.tw
地址　116台北市文山區興隆路四段九十六巷三弄六號四樓
電話　02-22341779

總經銷商　旭昇圖書有限公司
地址　235新北市中和區中山路二段三五二號二樓
電話　02-22451480
傳真　02-22451479
郵政劃撥　戶名：旭昇圖書有限公司（帳號：12935041）
電子信箱　s1686688@ms31.hinet.net

出版日期　西元二〇一三年六月初版第一刷
售價　二二〇元

華志文化

華志文化

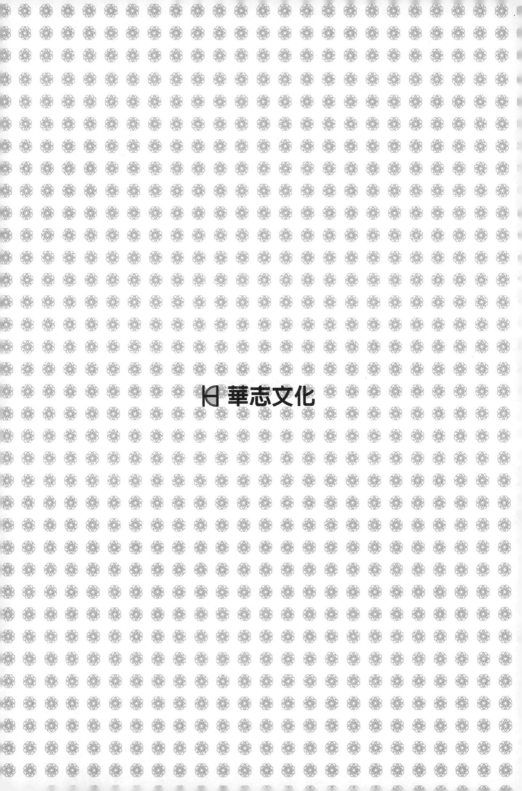